Leyendas
y mitos de
México

Leyendas y mitos de México

Sandra Garibay Laurent
compiladora

Grupo Editorial Tomo, S.A. de C.V.
Nicolás San Juan 1043
03100, México, D.F.

1.ª edición, octubre 2014.
2.ª edición, mayo 2016.
3.ª edición, septiembre 2018.

© *Leyendas y mitos de México.*

© 2018, Grupo Editorial Tomo, S. A. de C. V.
Nicolás San Juan 1043, Col. Del Valle
03100, Ciudad de México.
Tels. 5575-6615, 5575-8701 y 5575-0186
Fax. 5575-6695
www.grupotomo.com.mx
ISBN-13: 978-607-415-670-6
Miembro de la Cámara Nacional
de la Industria Editorial N.º 2961

Compilación: Sandra Eugenia Garibay Laurent
Diseño de Portada: Karla Silva
Diseño tipográfico: Marco A. Garibay M.
Supervisor de producción: Leonardo Figueroa

Impreso en México - *Printed in Mexico*

Prólogo

México siempre se ha caracterizado por su rica y fantástica tradición oral. Desde nuestros antepasados hemos escuchado historias —algunas reales, otras sacadas de una mente muy ingeniosa, y las más una mezcla de ambas— que nos han fascinado y atrapado.

Muchas de estas fabulosas narraciones han pasado de generación en generación y en el camino han surgido versiones, adaptaciones y agregados que han enriquecido enormemente las leyendas.

Leyendas y mitos de México, busca que estas bellas narraciones no se pierdan en el tiempo como tantas otras tradiciones que hemos dejado escapar. En estas páginas encontrarás historias muy conocidas, y otras no tanto, pero todas ellas bellas narraciones que han cautivado a los mexicanos por siglos. Cada una de ellas tiene el lugar de donde surgió, algo que nos ilustra la variedad y riqueza cultural que tenemos en este bello país.

La compilación realizada para este libro ha tomado lo más representativo de cada estado de la República Mexicana, y esperamos que estas historias sigan llenando la imaginación de quien las lea o las narre, pues así seguiremos honrando el deseo de nuestros antepasados: que la historia no se pierda en el oscuro olvido, sino que siga viva en cada uno que la escuche.

Los editores

La mujer Xtabay
(prehispánica, Yucatán)

En un pueblo de la península yucateca vivía una mujer llamada Xtabay, a la que apodaban Xkeban, que quiere decir prostituta, mujer mala o dada al amor ilícito. Decían que la Xkeban estaba enferma de amor y de pasión y que todo su afán era derrochar su cuerpo y su belleza —que eran asombrosos— con cuanto joven se los solicitaba.

Xtabay tenía un corazón tan grande como su belleza, y su bondad la hacía auxiliar a los humildes, abrigar al necesitado, curar al enfermo y recoger a los animales que abandonaban por improductivos. Su alma la llevaba hasta poblados lejanos a donde llegaba para auxiliar al enfermo y se despojaba de las joyas que le daban sus enamorados y hasta de sus finas vestiduras para cubrir la desnudez de los desamparados.

Nunca levantaba la cabeza en son altivo, nunca murmuró, ni criticó a nadie y con absoluta humildad soportaba los insultos y humillaciones de la gente.

Muy cerca de la casa en la que vivía esta mujer, habitaba en otra casa bien hecha, limpia y arreglada continuamente, la consentida del pueblo que llamaban Utz-Colel, que quiere decir mujer buena, mujer decente y limpia. Era una mujer virtuosa, recta y honesta y jamás había cometido ninguna falta ni el mínimo pecado amoroso.

Sin embargo, bajo las ropas de la Utz-Colel se dibujaba la piel dañina de las serpientes: era fría, orgullosa, dura de corazón, nunca socorría al enfermo y sentía repugnancia por el pobre.

Un día la gente del pueblo no vio salir de su casa a la Xkeban y supusieron que andaba por los pueblos ofreciendo su cuerpo y sus pasiones indignas. Se contentaron de poder descansar de su deshonrosa presencia, pero transcurrieron días y más días y de pronto por todo el pueblo se esparció un fino aroma de flores, un perfume delicado y exquisito que lo invadía todo. Nadie se explicaba de dónde emanaba tan precioso aroma y así, buscando, fueron a dar a la casa de la Xkeban a quien hallaron muerta... abandonada... sola.

Extraordinariamente, la Xkeban no estaba acompañada de personas, sino de varios animales que cuidaban de su cuerpo del que brotaba aquel perfume que envolvía a todo el pueblo.

La Utz-Colel dijo que eso no podía ser, ya que de un cuerpo corrupto y vil como el de la Xkeban, no podían emanar sino podredumbre y pestilencia, o que eso era cosa de los malos espíritus, del dios del mal que así continuaba provocando a los hombres.

Agregó la Utz-Colel que si de mujer tan mala y perversa escapaba en tal caso ese perfume, cuando ella muriera el perfume que desprendería su cuerpo sería mucho más aromático y exquisito.

Por compasión, por lástima y por su deber social, un grupo de personas del poblado fue a enterrar a la Xkeban. Al día siguiente, su tumba estaba cubierta de flores aromáticas y hermosas, como si hubieran caído del cielo, flores desconocidas hasta entonces en el Mayab.

Poco después murió la Utz-Colel y a su entierro acudió todo el pueblo que siempre había ponderado sus virtudes, su honestidad y su recogimiento, y lamentando que había muerto una mujer virgen y pura, la enterraron con mucho llanto y pena.

Entonces recordaron lo que había dicho en vida acerca de que al morir, su cadáver debería exhalar un perfume mucho mejor que el de la Xkeban, pero, para asombro de toda la gente que la creía buena y recta, comprobaron que al poco tiempo de enterrada comenzó a escapar de la tierra floja, un hedor insoportable, el olor nauseabundo a cadáver putrefacto. Toda la gente se retiró asombrada.

La flor que nació en la tumba de Xtabay, es la actual Xtabentún, que es una flor tan humilde y bella, que se da en forma silvestre. El jugo de esta embriaga muy agradablemente, así como el amor embriagador y dulce de la Xkeban.

La flor que nació sobre la tumba de la Utz-Colel, es la Tzacam, que es el nombre del cactus erizado de espinas y de mal olor, intocable, que tiene una flor, hermosa, pero sin aroma y, a veces, de olor desagradable, como era el carácter y la falsa virtud de la Utz-Colel.

La caverna de los truenos
(prehispánica, Veracruz)

Entre los pueblos del Totomoxtle y el Coatzintlali existía una caverna en cuyo interior los antiguos sacerdotes
habían levantado un templo dedicado al dios del trueno, de
la lluvia y de las aguas de los ríos. Siete sacerdotes se reunían cada vez que era tiempo de cultivar la tierra, sembrar
las semillas y cosechar los frutos; siete veces invocaban a
las deidades de esos tiempos, entonando cánticos a los
cuatro vientos.

Esos viejos sacerdotes hacían sonar el gran tambor del
trueno, arrastraban cueros secos de los animales por todo
el ámbito de la caverna y lanzaban flechas encendidas al
cielo. Poco después aparecían en el cielo furiosos truenos
y relámpagos que cegaban a los animales de la selva y a
los de los ríos.

Llovía a torrentes y la tempestad rugía sobre la cueva
durante muchos días y muchas noches, y había veces en

que los ríos Huitizilac y Papaloapan se desbordaban cubriendo de agua y fango las riberas, causando inmensos desastres. Cuanto más arrastraban los cueros, mayor era el ruido que producían las lluvias, cuanto más se golpeaba el gran tambor ceremonial, mayor era el ruido de los truenos y cuanto más flechas encendidas lanzaban al cielo, más relámpagos habían.

Pasaron los siglos y un día llegó al lugar gente de otras tierras. Tanto hombres, como mujeres y niños, tenían la característica de estar siempre sonriendo como si fueran los seres más felices de la tierra y tal vez esa alegría se debía a que después de haber sufrido carencias, habían por fin llegado a las costas tropicales, donde había de todo, tanto frutos como animales de caza, agua y clima hermoso. Se asentaron en ese lugar al que dieron por nombre Totonacan y ellos mismos se dijeron totonacas.

Pero los siete sacerdotes de la caverna del trueno no estuvieron conformes con aquella invasión de los extranjeros que traían consigo una gran cultura y se fueron a la cueva a producir truenos, relámpagos, rayos, lluvias y torrenciales aguaceros con el fin de asustarlos.

Llovió mucho y durante varios días y noches, hasta que alguien se percató de que esas tempestades las provocaban los sacerdotes de la caverna de los truenos.

Los totonacas embarcaron a los sacerdotes en un pequeño bote, y dándoles provisiones y agua, los lanzaron al mar de las turquesas en donde se perdieron para siempre.

Para evitar el desastre del pueblo totonaca recién asentado, era necesario rendirles culto a esas fuerzas, que hoy llamamos naturales, y adorar a esos dioses del trueno y de las lluvias, rogándoles que fueran generosos con la población.

Y en ese mismo lugar en donde estaba la caverna, los totonacas u hombres sonrientes, levantaron el asombroso templo del Tajín, que en su propia lengua quiere decir *lugar de las tempestades*, en donde se rindió culto al dios del trueno y se invocó el buen tiempo en cierta época del año y la lluvia para fertilizar la siembra.

Hoy se levanta este maravilloso templo conocido en todo el mundo como pirámide o templo de El Tajín.

Así nació la pirámide de El Tajín, en donde curiosamente parecen generarse las tempestades, los truenos y las lluvias torrenciales; levantada con veneración y respeto al dios del trueno, adorado por aquella gente que vivió, mucho antes de la llegada de los totonacas, cuando el mundo parecía comenzar a existir.

La Reina Xóchitl
(prehispánica, Hidalgo)

Allá por el año 1000 d. C. en Tollan (Tula) se presentó ante Tecpancaltzin, rey de los toltecas, una joven y bella india, hija del noble Papantzin, a ofrecerle una jícara con un licor blanquecino y acidulado y ligeramente dulce, espumoso y grato, que ella y su padre bebían extraído del corazón del maguey.

Xóchitl que iba muy bien peinada y vestida, se acercó al trono con la espumeante jícara en las manos y el joven monarca probó el líquido que le ofrecía la doncella, encontrándolo muy agradable. Como el licor no tenía nombre, ahí mismo y de común acuerdo lo llamaron octli.

El rey, mientras tanto, no quitaba los ojos de la bella muchacha, quedando perdidamente enamorado de ella.

No pasaron muchos días sin que el rey de Tollan raptara a la bella Xóchitl abusando de su poder, y la ocultó para poder amarla, ya que la reina con quien estaba unido, no le permitía tenerla a su lado en la corte.

Así pasaron muchos años, hasta que la reina murió, entonces el rey se casó con su amada Xóchitl, la cual subió al trono.

Tecpancaltzin y Xóchitl tuvieron un hijo antes de legitimar su unión. El heredero del trono se llamaba Topiltzin, y aunque su nombre significaba *el Justiciero*, según los astrólogos que lo examinaron, se pronosticaba que bajo su reinado sería destruida la poderosa Tollan.

Y así sucedió, porque, abusando de la bebida descubierta por Xóchitl, los toltecas olvidaron en su embriaguez los deberes cívicos y hasta profanaban los templos de los dioses, vinieron muchas calamidades, entre ellas una horrible lluvia de sapos que destruyó los sembradíos; plagas de langosta, heladas y temporales que demolían las magueyeras, a lo que siguió una guerra emprendida por los caciques de Xalisco contra el bastardo príncipe reinante, lo que empezó a debilitar el imperio.

Siendo ya vieja la reina Xóchitl, y sintiéndose culpable de lo que había pasado, se puso a combatir al enemigo entre sus soldados, muriendo heroicamente, terminando así los días de la célebre descubridora del néctar indígena.

Las magueyeras, que al principio eran silvestres, se cultivaron en ciertas regiones como Apam y Ometuxco, lo que dio como resultado que la bebida se propagara. Posteriormente se le dio el nombre de pulque.

La princesa Donají
(prehispánica, Oaxaca)

Ahuízotl, rey de los aztecas, que era muy ambicioso y buscaba la expansión de su imperio hacia el sur, pretendía dominar a los zapotecas. En parte lo consiguió, sin embargo, en Tehuantepec había una fortaleza que no pudo ser tomada por los invasores procedentes de Tenochtitlan, por lo que Ahuízotl pactó la paz con Cosijoeza el joven rey zapoteca.

Como símbolo de aquella paz, el rey azteca le dio por esposa a su hija, Coyolicatzin, princesa bella, tierna y dulce. Al llegar a Oaxaca su nombre se transformó en Pelaxilla, que significa copo de algodón.

Del matrimonio nacieron tres hijas. La menor se llamó Donají, que quiere decir Alma Grande, quien fue la hija predilecta del noble y fuerte rey.

Los zapotecas no eran los dueños absolutos de las tierras, ya que los mixtecos, quienes les ayudaron a defender la fortaleza en contra de los aztecas, habían recibido una pequeña parte del territorio, situación que los tenía en descontento, por lo que se desató una guerra entre estos pueblos igualmente fuertes, poderosos y sabios.

Un día los guerreros zapotecas trajeron a Zaachila un prisionero herido, que había perdido mucha sangre. Sus heridas eran mortales, su rostro pálido y hermoso, sus vestiduras aunque rotas y ensangrentadas eran las de un noble, así como sus armas. Lo dejaron abandonado en el palacio, ya que los guerreros estaban más interesados en continuar la lucha que en atender al prisionero.

Ahí lo encontró Donají quien curó sus heridas y lo escondió hasta que sanó. Mientras esto sucedía, Nucano, príncipe mixteco y Donají se enamoraron. Cuando Nucano o Fuego Grande, se sintió bien pidió a Donají le permitiera partir a combatir al lado de los suyos y ella se quedó a esperar el fin de la guerra.

Fue entonces que aparecieron las fuerzas conquistadoras de Hernán Cortés que ya habían dominado Tenochtitlan. El rey de Tehuantepec pidió ayuda a los españoles para combatir a los zapotecas, pero estos ya estaban en inteligencia con los invasores. Los mixtecos ocupaban el estratégico Monte Albán, entonces el español Francisco Orozco propuso una tregua para que los indios no se atacaran. Los mixtecos desconfiados exigieron una prenda de garantía del pacto y Cosijoeza con mucho dolor, dio a su hija amada. La princesa que, para entonces se había ya convertido a la religión cristiana y había sido bautizada con el nombre de Juana Cortés, fue llevada a Monte Albán, campamento de los mixtecos.

Su padre le había dicho que, en cuanto viera llegar una flecha al lugar de su encierro era señal de que debía ponerse a salvo, porque algo grave iba a pasar. No se sabe si llegó o no la flecha, pero la princesa cansada de esperar a que la liberaran y al ver que las tropas de su padre, que estaban cerca, no hacían nada, por medio de un mensajero de confianza dio órdenes para que se atacará el cerro de su cautiverio.

Los mixtecos fueron sorprendidos por el ataque y tuvieron que retirarse de Monte Albán, pero dolidos por el desastre y por la falta del cumplimiento de la tregua, se llevaron a la princesa, para vengarse en ella. Al llegar a las riberas del río Atoyac, deliberaron en consejo de guerra qué hacer con la doncella y decidieron condenarla a muerte, decapitándola. El cuerpo tierno y noble de la bella Donají fue arrojado al río.

Nucano, que se convirtió a la fe cristiana y se llamó Diego de Aguilar, lamentó siempre la pérdida de su amada, llegó a ser gobernador de los zapotecas, cuidando siempre con amor de aquel pueblo que algún día lo hirió de muerte y lo hizo prisionero, pero cuya princesa le salvó la vida y le dio su amor.

Un día de invierno, después de mucho tiempo, un pastorcillo que pasaba por esos lugares vio entre las aguas del río cómo surgía un hermoso lirio, lo cual lo asombró, ya que en invierno no florecen esas plantas, pero más asombrado quedó, cuando al pasar por ahí mismo, después de dos semanas, se dio cuenta de que el lirio seguía aún en medio de la corriente, fresco, tierno y lozano como si un misterioso poder mágico le impidiera marchitarse.

Contó lo que había visto y los adultos fueron a averiguar qué sucedía. Entonces se metieron al río y encontraron que el lirio emergía de una cabeza de mujer, de la cabeza de Donají, la cual a pesar del tiempo transcurrido se encontraba como el día en que había sido decapitada y encontraron también, no muy lejos, el cuerpo sin descomponer.

En la ciudad de Cuilápam, cerca de Oaxaca dentro de un convento, en una pequeña capilla, hay dos tumbas con los nombres de: Juana Cortés y Don Diego de Aguilar.

Yanalté
(prehispánica, maya)

En un bosque existía un palacio que albergaría al primer ser que brotara de la naturaleza combinada con la divinidad.

Al acontecimiento trascendental acuden las Voces de los dioses; los cuatro Gigantes que, según la creencia maya, sostenían la bóveda del cielo, y que se llamaban Bacabe; los cuatro puntos cardinales: poniente, sur, oriente y norte; la diosa de los animales, que se llamaba Sazílakab, con todos sus súbditos: el jaguar, el faisán, el perico, el tecolote, el águila, la guacamaya, etc. Los papeles principales están asignados al quetzal y al cenzontle, por su belleza representativa y la potencia de su canto, respectivamente, que los hace distinguirse entre todos los pájaros de la asamblea.

El cenzontle, el clarín, el tecolote, el mono, el venado, el faisán, el águila, la rana, el armadillo, el murciélago, están por un lado.

Por el otro: perico, guacamaya, mono, cuervo, gato montés, guajolote, jaguar, coyote y dos pumas.

Al principio era el caos selvático, debido a la reunión faunesca primitiva que precedió a la aparición del ser humano en la selva, lo que puede interpretarse como el germen inicial.

En esta reunión, que fue nocturna, se escucha la voz de los dioses, que dice lúgubremente:

"Este Bacab es malo y amarillo y gobierna al viento afilado del poniente, que trae la noche y la enfermedad. Su signo es el tecolote..."

Estando los pájaros pasmados en el oscuro bosque con el lejano palacio aparece un príncipe maya armado con arco y flechas, en actitud de cazar. Entonces el quetzal, con dulce voz, le pregunta el porqué lo quiere herir.

El príncipe semidesnudo y bello se desconcierta y piensa estar soñando; entonces suelta el arco y las flechas y los animales bajan de los árboles y empiezan a acercársele.

Enseguida, ante la estupefacción del príncipe cazador, el cenzontle, como el pájaro que mejor canta, dice en nombre de la naturaleza un discurso que, por su belleza, vale la pena de ser reproducido íntegramente (fue recopilado de los códices y de las narraciones tradicionales del Mayab).

Habla cantando el cenzontle:

Era la luna nueva. Reunidos como ahora, inquietos porque era la noche de la gran profecía. Lo desconocido debía cumplirse. Silenciosos, meditabundos, esperábamos la llegada de los libros sagrados. El sol nos abrasaba con delirio, sofocando nuestras vidas y, desesperados de su amor, corríamos a refugiarnos debajo de estos hermanos nuestros que ahora te cobijan; cada árbol, cada rama, cada hoja es para nosotros un canto de amor. (Chiflan los pájaros). Aquí, en esta maravillosa tierra, sentimos la llegada triunfal de la brisa. El sol se fue yendo con grandes abrazos dorados y rojizos y se hundió en el lecho majestuoso de los montes. (El joven príncipe escucha; los pájaros chiflan; el cenzontle prosigue). ¡Oh luna, luna nuestra que a tu llegada nos diste la frescura de la vicia! El sol ya no mordió a la luna porque ella venía roja y después blanca como el maíz del campo de nosotros... Después de ser blanca, proyectó formas raras que nos hacían estremecer dulcemente. Cuando el jugo del cielo nos acarició, soñamos y sentimos la presencia de una cosa rara. ¿Los libros sagrados serían? No.

Una claridad única, más blanca que la flor blanca, nos deslumbró. Aquella luz divina iba creciendo poco a poco en claridad y extensión... hasta que el bosque se convirtió en un mar fosforescente... Casi cegados de luz y terror huíamos, pero una fuerza extraña y misteriosa nos detuvo. Itz, el rocío de la noche, serenó nuestra mente. Nos acercamos a la luz misteriosa... Al llegar más cerca de los rayos luminosos, veíamos con claridad. (Cantan). Ahí, con un tela tejida con estrellas y rayos de luna, estaba algo que tenía vida, que se movía y, a cada movimiento, los rayos se hacían más intensos...

Al fin el faisán delicadamente cogió la tela, que en sus dedos perdía la forma y se volvía vapor, y descubrió un ser como tú; era una niña. (El príncipe se interesa; los pájaros chiflan). ¡Oh, qué sorpresa divina! —prosigue el cenzontle—. ¡Qué maravilla de estrella! ¿Qué era aquello que estaba con nosotros, pobres seres sin luz? Qué haríamos, cómo la tocaríamos, tan delicada, tan llena de aromas que a nuestro contacto podría desaparecer.

Ella nos miraba tan hondo, tan hondo... Le hicimos una cuna con nuestras propias plumas; la coyota le dio sus uvas apretadas de leche. ¿Hija del Sol, o de la Luna? Pregunta que aún no podemos descifrar. Todos trabajamos para construir ese templo; la niña es nuestra Diosa... Hace doscientas lunas de eso... Ahora es el día en que florecen las flores blancas, y tú aquí, joven, ¿qué dirá ella cuando te vea?

El joven príncipe cazador, que se llama Nazul, va hacia el palacio en donde está la niña y la encuentra ya casadera y extremadamente seductora. Rendidamente enamorado se postra ante ella y logra hacerse oír y hacerla pasear por el bosque, con consentimiento de la fauna que los contempla.

Los diálogos de amor son sublimes. Cuando él se extraña del poderoso hechizo de la diosa, ella le dice que se debe a que ha nacido de la luna, y toda ella irradia deseo.

El príncipe y la maga se aman y procrean, naciendo la raza maya del Sol y de la Luna.

Raza de gigantes
(Aguascalientes)

Hace unos cientos de miles de años, en los principios de la vida, cuando la tierra apenas empezaba a enfriarse y las lluvias eran torrenciales, por la superficie de este mundo resonaban con firmeza las pisadas de gigantes que eran los amos y señores de todo lo creado, porque su inteligencia sobrepasaba el nivel de cualquier otra criatura del reino animal.

Con su porte altivo, facciones tan finas y aristocráticas, eran seres tan perfectos con cuerpos atléticos y bien proporcionados, que no tenían igual en el universo. Construyeron enormes ciudades y sus palacios no han sido siquiera soñados por el hombre actual, porque combinaron lo bello con lo práctico y lo cómodo con lo seguro. Al tiempo que la tierra les daba abundantes cosechas, cultivaban las bellas artes, porque su civilización era muy avanzada. Tan maravilloso era su sistema de vida que muchos todavía no creen que hayan existido.

La guerra y el odio estaban ausentes de sus almas. Nunca, como entonces, la paz fue tan fraternal y duradera sobre la tierra. Así vivieron incontables siglos: amando todo cuanto les rodeaba. La naturaleza siempre pródiga, les daba todo. Pero llegó el día en que todo tuvo que terminarse por un cataclismo geológico que la tierra ha experimentado infinidad de veces: fuertes temblores la sacudieron en convulsiones mortales, desgarrando a su paso ciudades enteras con sus habitantes.

Al fin, volvieron la paz y la estabilidad, pero el mundo de los gigantes estaba casi totalmente destruido y su población, asustada de que volviera a suceder algo semejante.

De entre los sobrevivientes quedó una joven pareja: Verlé, el príncipe del país del norte y que su nombre significa *Calientes Primaveras*, y Kirle, la princesa de la ciudad del sur y que su nombre significa *Aguas Cristalinas*. Ellos fueron los elegidos para ir a hablar con Dios. Después de prepararse, llegaron a su presencia y el Señor les dijo que aunque sabía a qué habían ido, quería oírlo de sus labios. La pareja le informó que sus ciudades habían sido destruidas y que eran muy pocos los sobrevivientes. Dios les advirtió que tendrían que emigrar a otras tierras ya que lo que había pasado podría volver a suceder; —pero ¡amamos nuestra tierra!, queremos seguir viviendo ahí—

contestaron. Dios les dijo que si se quedaban todos iban a perecer por falta de condiciones adecuadas. —Señor: no queremos en forma alguna rebelarnos, pero deseamos quedarnos, ¿será posible?— preguntaron ellos. —¡Sí!, pero se quedarán para toda la eternidad— contestó Dios.

Al volver a su tierra comunicaron a los pocos que quedaban su decisión. Calientes Primaveras se tendió en la tierra que tanto quería, con la cabeza hacia el sur. Aguas Cristalinas colocó su cabeza frente a la de su esposo e inclinó un poco el cuerpo hacia el suroeste. A la distancia, el resto de aquella raza de gigantes tomó la posición que más les acomodaba, para esperar la eternidad. Cuatro de los más valientes caballeros que se llamaban: Galfo: Buena Tierra; Talt: Agua Clara; Kilse: Cielo Claro, y Máchi: Gente Buena; hincaron una rodilla en tierra e inclinaron sus cabezas a esperar el final.

En esos momentos, un largo eclipse empezó a oscurecer la tierra, y cuando siete horas después volvió a aparecer el sol, no se veía por ninguna parte un ser viviente; los gigantes eran ya enormes cerros, de entre los cuales destacaban las figuras de los príncipes, vistos desde las estribaciones de la sierra de Guajolotes, en el punto que queda precisamente arriba del poblado que hoy conocemos como Pedregal Primero, sobre la carretera que conduce a Calvillo.

Desde la ciudad de Aguascalientes, solo se aprecia la figura yaciente de Verlé, al que actualmente se le conoce por el Cerro del Picacho o Cerro del Muerto. Destacan también los cuatro capitanes que ahora conocemos: al sur, el cerro de Los Gallos que fuera conocido por Agua Clara; al norte, el cerro de San Juan, en el macizo montañoso de Tepezalá, conocido por Cielo Claro; un kilómetro adelante, el cerro de Altamira que un buen día llevara el nombre de Buena Gente, y más allá hacia el poniente distinguimos a Tierra Buena, que es ahora el cerro del Laurel muy cerca del poblado de Calvillo.

Su influencia ha sido tan grande, que de los nombres de los príncipes entrelazados le dieron el nombre de "Aguascalientes" a la ciudad, y los de los 4 militares existen en el escudo del Estado.

El pie gigante
(Estado de México)

Hace mucho tiempo, antes de que fuera fundada la gran Tenochtitlan, el batallón que iba siguiendo al águila pasó por un lugar llamado Santo Desierto, tal y como se lo había indicado su dios. Al frente de ellos venía un capitán a quien sus compañeros llamaban Gigante.

El gigante brincó del Santo Desierto a otro cerro llamado de las Tres Marías, aproximadamente a tres kilómetros. Descansó y volvió a pegar otro brinco, como de un kilómetro, a otro cerro. Y —¿qué creen que pasó?— pues que al brincar el gigante dejó marcado su pie sobre una piedra y, por eso, el lugar recibe el nombre de Pie Gigante.

El águila siguió su rumbo y se fue a parar a un lugar llamado Atlatlahuaca; nada más que la espantaron y ya no se quedó allí, sino que vino hasta donde estaba el islote en donde se fundó Tenochtitlan.

El amor de Leubio y Flor
(Quintana Roo)

Un día Luha, el dios del agua, paseaba por las sierras viendo la obra de la Madre Naturaleza, cuando se encontró con su hijo, Leubio, que estaba llorando al pie de un cerro.

Muy apenado, el dios le preguntó qué le pasaba, qué le habían hecho, qué podía hacer por él para ayudarlo a calmar su pena.

—Perdóname, padre, pero me he enamorado de una bella princesa del castillo de los mortales y me quiero casar, pero sé que mi madre y tú me negarán este derecho— respondió Leubio.

—¿Cómo puede ser? —preguntó Luha—, ¿un hijo mío y una mortal?

Y sin decir nada más, el dios se marchó triste y pensativo, ya que en realidad, deseaba permitirle a su hijo que se casara con quien él quisiera para así no intervenir en su felicidad, pero temía que si daba su consentimiento, la tristeza consumiría a su esposa, la madre de Leubio.

Caminó largo rato hasta donde estaba descansando la diosa Arcoíris y le contó todo lo que su hijo le había dicho.

Su esposa se llenó de rabia y amenazó con no permitir que su hijo amara a una mortal, y que desde ese momento en adelante haría todo lo posible por separarlo de ella.

—Yo buscaré otra forma de complacerlo que no sea la de casarse con esa mujer —medió el dios.

Todavía estaban hablando, cuando llegó el joven Leubio y les preguntó qué estaban discutiendo. Su madre le reclamó todo lo que había oído de boca del dios del agua. Leubio con voz fuerte y decidida le contestó:

—Madre, me niegas el derecho de ser feliz. Pero queda un camino para acabar con esto. Si no quieres darme la libertad, ¿por qué no me destruyes? Porque si continúo vivo, te juro, madre querida, que te voy a desobedecer, aunque me duela el alma.

La madre no contestó.

Pasó el tiempo y Leubio seguía visitando a su amada cuyo nombre era Flor. Un día, resolvió terminar con la espera y decidió casarse.

Entonces fue y le dijo a Luha y a Arcoíris que pensaba casarse y que deseaba, de todo corazón, no causarles ningún daño por su desobediencia, pero ya que ellos se habían negado a oírlo, estaba dispuesto a seguir su voluntad.

—¡Maldito seas, hijo mío! —exclamó Arcoíris—. Me has desobedecido, pero en la misma desobediencia llevarás el castigo. Nunca serás feliz y jamás te pertenecerá aquella que tanto anhelas. Te lo juro. Ahora vete, que no te quiero ver jamás.

Triste y lloroso, Leubio se marchó lejos de sus progenitores.

Mientras tanto, Arcoíris bajó hasta los mortales y fue a casa de una bruja, muy conocida por su maldad, y le dijo que tenía un trabajo para ella, que le pagaría con mucho dinero si lo hacía bien. La bruja aceptó.

—Quiero que separes a dos seres que se aman, pero de forma que estén juntos y divididos a la vez, de modo que jamás en la vida lleguen a unirse —exigió Arcoíris.

—Muy bien —respondió la bruja— dalo por hecho. No te arrepentirás de haberme consultado.

Al momento, la bruja hizo que Leubio y Flor perdieran su forma humana, y se convirtieran en dos inmensas lagunas divididas por una franja de tierra firme.

Flor, la mujer a la que tanto amó, jamás perteneció a Leubio. Y aún hoy se recuerda, en Dos Lagunas, la desobediencia de Leubio.

El flechador del cielo
(Querétaro)

La gente se preguntaba por qué estaba tan triste el Flechador del Cielo; nunca lo habían visto así.

Nadie sabía, más que él, de su dolor. Tenía una herida, y no era de flecha de batalla o de guerra, de esas que había ganado; esta era una herida de flecha de batalla de amor. Era esa la flecha que le molestaba dentro, la que había hecho callar sus cantos y apagar su voz.

Caminaba con los ojos perdidos, lentamente. Quien lo miraba no lo reconocía. Él, el de los brazos fuertes, de la voluntad férrea, de los ojos que podían ver lejos, el de la inteligencia clara... estaba cabizbajo, vencido.

Quienes lo estimaban le preguntaban qué le pasaba, pero él no contestaba, ni para bien, ni para mal.

Tan solo el cenzontle y el venado lo veían por las tardes, cuando se dirigía a la cima de una montaña cercana;

y desde ahí, con su arco lanzaba rabiosamente flecha tras flecha hacia arriba, como si al tirar quisiera clavar sus puntas, sus filos de obsidiana, en la entraña del cielo.

También el tecolote lo había visto muchas noches, cuando Ilhuicamina, el Flechador del Cielo, subía a la cima de la misma montaña y se sentaba en una piedra a meditar, con la mirada alta. De vez en cuando cerraba los ojos, para pintar con su pensamiento a su amada Citlalixó-chitl, Estrella Flor, para pensar en ella.

El padre de la joven no le permitía unirse a él, porque tenía el oficio de flechador y guerrero. Y así, meditando y meditando, lo sorprendía el lucero de la mañana.

En una ocasión, el guerrero Ilhuicamina y la bella Citlalixóchitl, se vieron a escondidas. Ella habló sobre el temor que sentía de su padre y él le habló del enojo que sentía en todo su ser.

Juntos reflexionaban sobre el porqué ocultarse, por-qué ahogar sus emociones, ya que no hacían mal con que-rer ser compañeros de la vida. Entonces, Estrella Flor, con labios temblorosos, pero voz serena, dijo:

—No nos demos por vencidos, pero tampoco deje-mos que nos ciegue el odio. Busquemos una solución, una salida. Mi padre se ha dado cuenta solo de los impulsos de nuestros cuerpos jóvenes, pero no conoce nuestros sentimientos. Mostrémoselos, abrámosle nuestro corazón.

Así lo hicieron; por el camino llamado el Sendero de la Serpiente Luminosa se encaminaron rumbo a la casa del padre de la muchacha para hablar con él. Llegaron cuando las sombras de la tarde anunciaban el ocaso del día.

El padre de la muchacha los recibió con recelo y de ese modo también les escuchó decir que ellos querían unirse. Se lo dijeron con tal firmeza y claridad que el hombre no encontró otra salida, y les dijo:

—Bueno, está bien, será lo que ustedes dicen, se unirán. Pero voy a ponerte una condición, Ilhuicamina. Puesto que eres guerrero y flechador, escucha bien: deberás clavar la punta de una de tus flechas en el mero corazón del cielo, deberás herirlo, tendrás que hacerlo sangrar. Cuando lo logres, vuelve. Entonces no me opondré a tu unión con mi hija. Lo que pedía el padre de Citlalixóchitl era demasiado. Ella y el Flechador del Cielo lo sabían.

A pesar de todo, se dieron fuerza el uno al otro, animándose para no darse por vencidos, ni dejar que el odio los cegara, poniendo así de toda su inteligencia y voluntad.

Por su parte, el padre de Estrella Flor estaba muy seguro de que Ilhuicamina nunca podría clavar ninguna flecha en el corazón del cielo. Pero con gran curiosidad veía al guerrero subir a la cima de una montaña y lanzar sus flechas con filo de obsidiana, desde que amanecía hasta que la oscuridad y el canto del tecolote invadían el campo. Pasaban los días y el flechador lanzaba más altos sus tiros, pero no lograba siquiera rozar el cielo.

Muchas auroras y muchas lunas habían visto a Ilhuicamina subir al pico de la misma montaña. Le habían visto cansarse, pero nunca perdía la voluntad; tiro tras tiro seguía insistiendo, buscando lo imposible, luchando contra sus propias limitaciones de ser humano. Tiro tras tiro buscaba clavarle su flecha al corazón del cielo.

Una tarde, cuando todo parecía perdido, cuando todos sus esfuerzos parecían en vano, los pájaros graznaron fuerte, los venados corrieron, la hierba y los árboles se estremecieron, y la gente gritaba y manoteaba asombrada:

—¡El sol se hincha!...

—¡El cielo está sangrando!...

—¡La sangre del cielo pinta las montañas!...

—¡La sangre del cielo se refleja en el río y corre por sus aguas!...

El padre de la muchacha salió rápidamente de su casa y se quedó pasmado, quieto como si estuviera pegado al piso, con los ojos muy abiertos. Ante él pasaban unas mujeres manoteando; a su alrededor se escuchaba un griterío de niños y de pájaros. Arriba de él, el sol se hinchaba cada vez más; allá el cielo se manchaba, se pintaba de un color rojo encendido. Para él, desde ese momento, ya no había duda: ¡Ilhuicamina había hecho sangrar el cielo!

Pasado el asombro, el padre de Citlalixóchitl pidió que alguien llamara a Ilhuicamina. Cuando estuvieron cara a cara, el padre de Estrella Flor y el Flechador del Cielo, le dijo:

—No me guardes rencor. Uno siempre quiere lo mejor para los suyos. He visto que eres un hombre de voluntad que no se vence fácilmente. Por eso y porque mi hija es dueña de sus sentimientos y su razón, acepto que se unan. Vivan juntos, pues, y que les vaya bien, que los acompañen flores y cantos.

Desde entonces volvieron a brotar sin cesar, cantos de los labios de Citlalixóchitl y de Ilhuicamina, y se extendieron como un eco.

Desde entonces, los pájaros anuncian en las tardes la presencia de Ilhuicamina, ya no en persona, sino en espíritu. Si los pájaros cantan con más fuerza en un momento dado, es porque lo están viendo subir al pico de la montaña. Siempre va acompañado de Citlalixóchitl. Entonces cada uno toma su arco y su flecha, apuntan hacia arriba y lanzan su proyectil hacia el espacio.

Las flechas de Citlalixóchitl y de Ilhuicamina se clavan en el corazón del cielo, que es el sol; entonces muere un día y nace una noche, es decir, el ocaso y el crepúsculo.

El cerro del sacrificio
(Durango)

Hacia el año de 1555 en un valle del estado de Durango habitaba una tribu indígena, la tribu Michi, cuya capital se llamaba Michilía. Tohue era su monarca, un indígena decidido, valiente y digno, que había llevado sus armas triunfantes hasta las serranías del sur del Mezquital. Todos sus súbditos le temían, amaban y respetaban, por su energía, bondad, generosidad y valor.

Su pueblo, en un ambiente de libertad, de paz y de trabajo, progresaba rápidamente.

Un día llegó ante el monarca, un indio comunicándole que un ejército español se encontraba a unas cuantas leguas de la ciudad en actitud dominante. Tohue consciente de la gravedad del peligro que amenazaba a su raza, mandó convocar inmediatamente a los habitantes de la ciudad y de los lugares más cercanos, sujetando a la deliberación del pueblo la actitud que debían asumir ante la invasión hispana.

Mientras unos opinaban que debían abandonar su patria y refugiarse en la sierra, otros sostenían que su deber era defender su territorio, resolución que al final se tomó, organizaron un ejército respetable que desde luego se puso en marcha bajo las órdenes del mismo monarca, con el propósito de atacar al ejército conquistador capitaneado por don Francisco de Ibarra.

Se dio el primer encuentro que fue sangriento, quedando la victoria indecisa. Al día siguiente, los conquistadores habían cortado la retirada a los michis hacia su capital, y estos, un poco desconcertados, se batieron retirándose hacia la cordillera que limita por el oriente al Valle de Súchil.

Ibarra intentó dejar la aventura y proseguir su marcha hacia el norte, pero fue alcanzado por los indígenas y se vio obligado a combatir hasta dispersarlos. Combatiendo encarnizadamente, los michis se replegaron hacia la cordillera y comenzaron a ascender a un cerro hoy llamado "del Sacrificio". Dueños de las alturas, causaban con la lluvia de piedras y con las rocas que despeñaban, algunos daños de consideración a los españoles, quienes de nuevo intentaron retirarse y, otra vez, fueron obligados a proseguir la lucha.

Esta jornada duró dos días; al tercer día los indios habían llegado a la cumbre del cerro, donde se vieron completamente rodeados e imposibilitados, por falta de elementos para seguir peleando.

Desde aquel sitio elevado se ve la Michilía y, en el lado oriente de la montaña, hay un gran abismo cortado a pico.

¿Qué impresión causó al monarca indígena contemplar en lontananza y por última vez su capital? ¿Qué experimentó al pensar que aquellos hogares iban a ser ocupados, mancillados por el conquistador?

El monarca contempló, por última vez, su capital, la que iba a ser ocupada por el conquistador, y esto lo hizo tomar una resolución: quebró sus armas, inutilizó su escudo y, después de haber dado con la mirada el último adiós a la ciudad de sus antepasados, se arrojó al precipicio en cuyo fondo se hizo pedazos. Todos los indígenas, sin quedar uno solo, siguieron su ejemplo.

Los españoles, al notar que la lluvia de flechas y de piedras había parado, y aunque temerosos de una emboscada, ascendieron a la cumbre, donde solo encontraron arcos, flechas, macanas y escudos despedazados. Los michis yacían en el fondo de aquel abismo.

Ibarra, parado sobre un enorme peñasco de la cumbre del cerro, descubrió, en el fondo del abismo, los restos de sus dignos enemigos; después contempló el vasto y hermoso panorama que se extendía ante sus ojos y, al descubrir a lo lejos la ciudad de Michilía, levantó los ojos al cielo, como arrepentido de su obra y llorando exclamó conmovido: —¡Sacrificio sublime por la libertad!...

Desde entonces se conoce a esta montaña con el nombre de Cerro del Sacrificio.

La iglesia de la ermita
(Campeche)

A mediados del siglo XVII vivía, en la villa campechana un caballero llamado Gaspar González de Ledesma, que era uno de los miembros más notables de la élite local. Era un hombre acaudalado y sostenía la opinión de que la vida pertenece a los audaces. Aquel rico hombre tenía el punto de vista de que la modestia solo conduce a frustraciones y lágrimas, y decía que los pobres lo son por sus dudas y miedos que les impiden aprovechar las oportunidades que se les ofrecen. Por lo tanto, don Gaspar únicamente respetaba a sus iguales, y a los humildes los pasaba por alto, ya que sentía hacia ellos un profundo desprecio.

Don Gaspar no era precisamente un ateo, pero tampoco se distinguía por su piedad, y aunque por precaución no externaba sus convicciones en este terreno, dadas las costumbres imperantes, a su juicio la oración y las prácticas del culto representaban insignificancias y, según él, constituían el refugio de los miedosos y fracasados.

En una ocasión al terminar una jornada de lucrativos negocios en varias ciudades de España, se embarcó en Cádiz para retornar a Campeche. En la embarcación, entre los pasajeros, viajaba un fraile que se dirigía al Nuevo Continente en misión evangelizadora. Este hombre de Dios, a pesar de su sencillez, atrajo la atención de don Gaspar, quien le buscó conversación. Al paso de la misma, el hermano, a quien nombraremos fray Rodrigo, impresionó a don Gaspar tanto por su sabiduría como por su conocimiento del mundo y, especialmente, por su filosofía inspirada en la fe y las Sagradas Escrituras.

Durante el trayecto, el burgués observó que el clérigo casi no tomaba alimentos, que constantemente rechazaba los que consumían la tripulación y los otros pasajeros, y que, para subsistir, usaba exclusivamente agua, miel y frutas secas que guardaba en su morral. Además, don Gaspar vio que fray Rodrigo era un devoto de la Santísima Virgen María, cuya imagen llevaba en un relicario.

Ya entrados en confianza, en una ocasión dijo don Gaspar al fraile: —Hermano, vuestro estilo de vivir es una prueba de que yo tengo razón y que vos estáis totalmente equivocado.

—¿Por qué habláis así? —preguntó fray Rodrigo.

—Porque es evidente que no coméis porque estáis enfermo o porque sois pobre. En cualquier caso, vuestra situación procede del oficio a que os dedicáis, pues no hay otro más triste y contrario a la naturaleza que el de fraile. ¿Quién puede estar a gusto con nada, si constantemente sufre privaciones y el escarnio de la gente, además de estar incapacitado para luchar por los bienes que hacen agradable la vida?

—No os expreséis así, hermano —repuso el misionero—, pues blasfemáis. Considerad que yo escogí la carrera de sacerdote por mi voluntad; y, por otra parte, habéis de saber que la Madre de Dios ha sido siempre mi bienhechora, como lo es de todos los hombres, y esto se refiere también a vos.

—¡Pamplinas! —respondió don Gaspar—. Hasta ahora me he bastado sin nadie, y yo os garantizo que jamás necesitaré ayuda de ningún santo, que por lo demás no entiendo cómo pueda prestarme auxilio alguno. Entre los humanos, padre, únicamente cuentan la iniciativa y la astucia, aunque vos pretendáis que recibimos asistencia de arriba. Yo os aseguro que solo el poder de un hombre es superior al de otro hombre.

Y en pláticas de este tipo iba transcurriendo el largo recorrido.

Pero una mañana el capitán de la embarcación señaló a los pasajeros que se prepararan a resguardarse porque en el horizonte se observaban señales de tormenta. Efectivamente, al atardecer los signos del temporal se afirmaron, y por la noche se desató una furiosa tempestad.

A medida que las horas pasaban, la tormenta arreciaba y el capitán dispuso abandonar el barco que estaba a punto de zozobrar. Sin embargo, no fue posible cumplir la orden dada, ya que olas gigantescas hundieron el navío.

Mientras la tempestad continuaba azotando los restos del barco, las personas, incapaces de ponerse a salvo, desaparecían tragadas por el mar. Solamente el fraile logró tomar unos maderos que, a modo de improvisada balsa, le sirvieron para no ser arrastrado.

Fray Rodrigo, una vez que recobró sus energías, buscaba alrededor suyo a algún sobreviviente para tratar de ayudarlo. Pero todos sus esfuerzos eran en vano. El mar había absorbido a los navegantes. Sin embargo, un golpe de las olas estrelló un cuerpo contra las tablas. El misionero lo tomó por un brazo, y depositándolo sobre la balsa, que a cada minuto amenazaba irse a pique, reconoció al rescatado: ¡Era don Gaspar González, aquel que pensaba que el mundo pertenece a los poderosos!

La tempestad se calmó, y mientras el sacerdote rezaba oraciones fúnebres por el alma del comerciante, este exhaló un gemido. ¡Aún vivía! Inmediatamente fray Rodrigo extrajo de su morral un brebaje que le dio a beber, y segundos más tarde don Gaspar vomitó gran cantidad de agua salada. Ya algo reanimado, el fraile le dio unas gotas de vino, gracias a las cuales recobró la lucidez. ¡Y su sorpresa no tuvo límites al saberse ileso en el centro del Atlántico y al lado del franciscano!

En los siguientes días de náufragos, se mantuvieron con la escueta ración que transportaba en su morral el padre Rodrigo, hasta que las provisiones se agotaron. Y entonces el hombre fuerte, el que siempre se había burlado de los débiles y los miedosos, se desesperó. —¿Qué vamos a hacer, hermano Rodrigo? ¡Moriremos de hambre y de sed! ¡Yo no quiero morir! —gritaba.

A lo que el religioso contestaba: —¡Tened fe en Dios y en la Virgen, señor de Ledesma! No ganáis nada con quejaros. Si creéis en la misericordia divina, rogad de todo corazón por vuestra salvación, y yo os juro que aun acariciaréis a vuestro nietos.

Para colmo, una segunda tempestad estalló sobre los desgraciados y la balsa se abrió por la mitad, por lo que en su superficie ya solo había espacio para uno de ellos. Don Gaspar, aterrado, se aferró al madero. Y, antes de perder el conocimiento, escuchó a lo lejos la voz del fraile, que le decía:

—No tema, infeliz don Gaspar. Ahora comprobará que nuestra Madre nunca abandona a sus hijos. Solo le pido que eleve sus plegarias a la Santísima Virgen, y confíe en que saldrá de esta calamidad.

No supo González cuánto tiempo estuvo inconsciente, pero al despertar, se encontró en una playa desierta. Quiso incorporarse, pero el agotamiento se lo impidió al tiempo que resbalaba un relicario como el que llevaba al cuello fray Rodrigo.

Aquilató hasta lo más profundo de su alma el desprendimiento del franciscano, que se sacrificó para que él no muriera.

Unas personas lo hallaron y se encargaron de proporcionarle los cuidados necesarios para su restablecimiento. Está de más decir que don Gaspar llegó al puerto transformado, y fue tan radical su cambio que ni sus amigos lo reconocían. Obedeciendo a un impulso sobrenatural, vendió su patrimonio y el dinero lo repartió entre los pobres.

Libre por el beso de una mujer
(Aguascalientes)

Esto es lo que cuenta el pueblo sobre la soberanía de su estado: doña Luisa Fernández Villa de García Rojas, nativa de Aguascalientes —hija de don Diego Fernández Villa, conocido comerciante del lugar— se casó con don Pedro García Rojas, quien se distinguía por su prominencia en la política y su riqueza. Doña Luisa era una mujer atractiva, caritativa, generosa, que como todos los aguascalentenses deseaba que su estado fuera independiente del yugo zacatecano.

La ciudad de Aguascalientes fue fundada en 1575. Gracias a su clima, a su rica vegetación y a la abundancia de sus aguas, el crecimiento de la población fue muy rápido. Treinta y seis años más tarde, en 1611, la Real Audiencia de Nueva Galicia la declaró Villa, poniéndole por nombre Villa de Nuestra Señora de la Asunción de Aguascalientes. Durante muchos años siguió dependiendo del Gobierno de Nueva Galicia (hoy Jalisco). En 1791, el Gobierno Virreinal resolvió que Aguascalientes pasaría a formar parte del régimen de Zacatecas.

A partir de esto surgió el descontento de los habitantes, suplicando la independencia de su estado, con escritos y frecuentemente con escándalos y motines.

El primero de mayo de 1835, don Antonio López de Santa Anna, llegó a la ciudad de Aguascalientes de paso para Zacatecas.

Llevaba un contingente de 3000 hombres, con los cuales iba a someter al orden al revoltoso estado de Zacatecas, que se había sublevado en su contra. La llegada del general Santa Anna a Aguascalientes fue un gran acontecimiento, el pueblo se organizó, se adornó la villa y con gran júbilo recibieron al presidente.

Las principales familias del lugar se disputaban el honor de recibirlo en su casa. La residencia de don Pedro García Rojas y su esposa doña María Luisa fue la elegida.

Doña María Luisa, que era una gran ama de casa, virtuosa en la cocina y una exquisita dama de abolengo, desplegando todo su arte, recibió al general Antonio López de Santa Anna.

Durante la cena el general contaba los sucesos de sus gloriosas campañas. Don Pedro, escuchaba atento a su izquierda el emocionante relato. Mientras su esposa a la derecha del invitado, clavaba sobre él sus ojos de obsidiana y comentaba las hazañas que este refería con frases de elogio oportuno.

Poco a poco fue rodando la conversación, sabiamente llevada por la dama, hasta conectarla en la situación dolorosa por la que atravesaba Aguascalientes. Así escuchaba Santa Anna de sus labios cómo la ciudad no tenía escuelas, la única que había no contaba con pisos ni bancas para los muchachos, los que recibían escueta educación sentados en el suelo; que la fábrica de tabaco que era el sostén de centenares de obreros, había sido trasladada a Zacatecas solo para arruinar a la población.

Que se le quitaba al ayuntamiento de Aguascalientes gran parte de lo que recaudaba; que se habían reducido las atribuciones del cabildo, hasta convertirlo en un maniquí del gobierno de Zacatecas.

Mientras la dama continuaba con su relato, se abrió la puerta del comedor y un criado anunció que don Pedro José López de Nava, buscaba al señor García Rojas urgentemente. Don pedro pidió permiso para salir a la sala un momento. —Aguascalientes puede ser independiente —continuaba doña María Luisa, reanudando su conversación— basta que usted lo quiera, mi General, que en este pueblo todos lo anhelamos, llegaríamos hasta el sacrificio para obtenerlo.

El general, tomándole la mano, le dijo emocionado: "¿De veras hasta el sacrificio?..." La señora de García Rojas se puso de pie violentamente como desaprobando el atrevimiento del caudillo, pero con una sonrisa y sentándose de nuevo contestó: "Hasta el sacrificio... General".

Santa Anna acercó sus labios a los de la hermosa dama y dio un beso prolongado y ardiente, que vino a interrumpir el ruido de los pasos de don Pedro que regresaba por el pasillo. La dama salió al encuentro de su esposo, radiante de alegría y le dijo: "¡Perico, por fin Aguascalientes es independiente! ¿Verdad General?". "Verdad es" asintió Santa Anna inclinando la cabeza y besando la mano de la señora García Rojas.

El dictador cumplió su palabra, expidió un decreto fechado en México el 23 de mayo de 1835, confirmando la independencia de Aguascalientes, nombrando como primer gobernador a don Pedro García Rojas.

Los Plata
(Aguascalientes)

Había en Aguascalientes una familia muy conocida por dedicarse a vender pan en el vecindario, eran los Santoyo. Ellos, a su vez, heredaron de su padre esta profesión con la que los había mantenido decorosamente. Los Santoyo eran cuatro hermanos: José el mayor, Cayetana, Petronila y Dionisio.

Ninguno se había casado, permaneciendo juntos toda la vida. Ya eran muy mayores y, sin embargo, trabajaban mucho y acumulaban dinero, para pasar una vejez tranquila, según ellos. Vivían en una casa de su propiedad, en la tercera calle de Hebe número 13.

Desde muy temprano la casa de los Santoyo emanaba el sabroso olor de la panadería.

Los cuatro colaboraban en hacer aquel exquisito panecillo que era un deleite. Eran amables, afectuosos con las personas, pero no intimaban con nadie. Se decía que una vez llegó una persona de improviso y entró hasta la pieza en donde las viejitas estaban contando su dinero. Cayetana se aventó a la cama cual larga era y gritando decía: "váyase, que se vaya, nadie puede entrar a la casa sin avisar, quién dejó la puerta abierta", por lo que se les puso "los Plata", ya que tenían mucha plata en su casa y adoraban ese metal.

Gracias al ahorro, la familia había logrado reunir cerca de 10 mil pesos en plata, dinero que constantemente contaban, sintiendo gran satisfacción de tener ese capital. Los días pasaban y los Santoyo seguían acumulando dinero; lo guardaban en una petaca. Un día planificaron enterrarla en la pequeña huerta que había atrás de la casa, porque tenían la sospecha de que la gente se había dado cuenta que tenían tanto y les dio miedo de que se lo fueran a robar.

Así lo hicieron, cavaron un hoyo y enterraron la petaca. Los cuatro solían reunirse en la huerta, platicaban, rezaban o se recontaban las leyendas que les habían platicado sus padres.

Los años pasaban, y cada día los Santoyo se hacían más viejos. Un día murió Cayetana, dejando el encargo a sus hermanos que cuidaran su dinero, que no despilfarraran, recordándoles que "la economía es la base de la riqueza".

La muerte de Cayetana unió más a los Plata, que seguían trabajando, haciendo el pan que disfrutaban los vecinos del barrio y llevando su misma vida ordenada, rayando en la miseria. Al poco tiempo, José falleció.

Y no soportando Petronila tan grande dolor, al poco tiempo también murió, dejando sola a Dionisia, la hermana menor, quien no sabía qué hacer, no platicaba con nadie, ya que los cuatro lo hacían juntos. Se sintió sola en la vida, y accedió a irse a vivir con su sobrino, un sacerdote muy querido y respetado en el barrio.

Poco tiempo estuvo en la casa del señor cura, ya que falleció de tristeza y soledad. Después de algún tiempo, la casa de los Plata, fue vendida por el sacerdote. Las personas que la compraron, contaban que veían todas las tardes sentados en la huerta, a los cuatro viejitos, y que oían sus voces que platicaban.

Alguien les dijo que seguramente había dinero enterrado. Ellos no dijeron nada, pero pronto se les vio progresar, al poco tiempo dejaron el barrio y se fueron a vivir fuera de Aguascalientes.

El callejón del tesoro
(Aguascalientes)

Don Narciso Aguilar, un hombre que era inmensamente rico, vivía en la ciudad de Guadalajara con su familia. Tenía fabulosos negocios a los que dedicaba la mayor parte de su tiempo. Un día, su mujer al sentirse sola y no contar nunca con su marido decidió tener un amante. Al enterarse don Narciso, en lugar de hacer un escándalo y lavar con sangre su honor, pensó alejarse de la ciudad para siempre, sabía que Aguascalientes era un lugar tranquilo y hospitalario, por lo que eligió esa villa para pasar los últimos años de su vida y olvidar la traición de su mujer.

Don Narciso Aguilar tenía un amigo de la infancia, un hombre bondadoso que por muchos años había trabajado con él y el único al que podía confiarle su secreto; le platicó su plan y lo invitó, ya que era una persona mayor y soltero. Los dos llegaron a la Villa de la Asunción de Aguascalientes y después de recorrer la ciudad, encontraron un callejón apropiado, compraron varias casitas casi en ruinas y don Narciso comenzó a construir su residencia, la única casa que se encontraba en el callejón.

Mientras construía la casa que llevó el número 13, don Narciso hacía constantes viajes a Guadalajara para ir trasladando poco a poco su cuantioso haber, que eran varios sacos de oro, lo que hacía a medianoche para evitar sospechas. Se cuenta que vestido de arriero y a lomo de mula, don Narciso trasladó su dineral y ayudado por su amigo Cirilo Castañeda, lo guardaron en la cocina de la casa.

Don Narciso y don Cirilo, no conocían a nadie en el lugar, ni querían. Se dedicaban a dirigir la casa que les hicieron unos buenos albañiles y a cuidar a los caballos y burros que tenían en el traspatio. Pero por las noches se aburrían, jugaban baraja, se tomaban sus copitas, sin embargo les sobraba tiempo, hasta que un día decidieron dar una vuelta por la ciudad, pero sin que nadie los viera. Don Cirilo era quien guiaba el coche y para no ser reconocido, se vistió con una túnica blanca y solo dejó dos orificios para que se le asomaran los ojos. Don Narciso vestía un extraño traje pegado al cuerpo de color carne y una media en la cara. Él iba acostado en el coche para no ser visto. Todas las noches se disfrazaban, tomaban su carro y salían a recorrer las calles.

Cuando se dieron cuenta que su paseo causaba pavor a las personas, lo hacían con más ganas, sirviéndoles de diversión el miedo que causaba a los parroquianos. Habían encontrado una gran diversión por las noches, que al principio les eran mortalmente aburridas. Este recorrido lo hicieron por mucho tiempo, hasta que el pueblo se fue acostumbrando, a ver y escuchar, a este "carro del demonio" que resultó inofensivo.

Al ver Don Narciso y don Cirilo que ya nadie les temía, dejaron de salir a realizar su paseo nocturno que por tanto tiempo tuvo inquieta a la ciudad, y así desapareció el temido carro. Los dos amigos continuaron con su vieja rutina cuidando el tesoro de don Narciso Aguilar y a sus animales. Pronto se empezó a hablar de dos viejitos ricos que vivían en el Callejón del Tesoro, como se le nombró al callejón. De pronto desapareció don Cirilo, nadie supo de su paradero. Don Narciso salía y entraba a su casa solo, no hablaba con nadie, cuando se escuchaba su voz era porque se dirigía a sus animales.

Se había corrido la voz de que en el Callejón del Tesoro, en el número 13, vivía un hombre solo, el que se dedicaba a cuidar un fabuloso tesoro. Esto llegó a oídos del famoso Juan Chávez, uno de los más grandes ladrones que ha habido en Aguascalientes. Una noche, Juan Chávez, quiso apoderarse del tesoro de don Narciso. Quiso asustarlo para que le dijera en donde estaba el dinero, se le pasó la mano, y don Narciso pasó a mejor vida.

El Pípila
(Guanajuato)

Una vez descubierta la conspiración, Miguel Hidalgo reunió a hombres del pueblo armados con ondas, garrotes, lanzas, unos cuantos machetes y fusiles. Con este ejército triunfó Hidalgo en Celaya, siendo su siguiente objetivo Guanajuato, específicamente la Alhóndiga de Granaditas, que es una fortaleza en la cual se almacenaban granos para el tiempo de escasez. En ella estaban fuertemente armados los españoles que resistían protegiendo los tesoros que estaban a su cuidado: plata en barra, dinero en efectivo, además de las municiones y alimentos, que eran necesarios para resistir.

Se dio un combate y todos los intentos del ejército Insurgente para apoderarse del edificio fueron inútiles; esfuerzos que costaban muchas vidas a las tropas mal armadas de Miguel Hidalgo. En ese momento, Juan José de los Reyes Martínez, más conocido en la historia como El Pípila, poniéndose una gruesa losa en la espalda, se arrastró en medio de la balacera hasta la puerta de la Alhóndiga, prendiéndole fuego con una antorcha, con lo que pronto cedió la puerta y fue posible ocupar la Alhóndiga de Granaditas.

De no haber sido por el brío de El Pípila, Hidalgo no hubiera tomado Granaditas y no hubiera vencido a los españoles que se encontraban protegidos en el lugar; tal vez hubieran pasado muchos años para que México fuera un país libre y soberano.

Hoy en día se le recuerda con una estatua que mide veintiséis metros de altura, colocada en la parte alta de la ciudad de Guanajuato, obra del escultor Juan Olaguíbel.

El callejón del beso
(Guanajuato)

Doña Carmen era la joven hija única de un hombre intransigente y violento. Era cortejada por su galán, don Luis. Al ser descubierta sobrevinieron el encierro, la amenaza de enviarla a un convento, y lo peor de todo, casarla en España con un viejo y rico noble, con lo que, además, acrecentaría el padre su mermada hacienda.

La bella y sumisa joven y su dama de compañía, doña Brígida, lloraron e imploraron juntas que no se aplicara tal castigo. Antes de someterse al sacrificio, acordaron que doña Brígida llevara un recado a don Luis con la noticia.

Mil conjeturas se hizo el joven enamorado, hasta que se le ocurrió una idea; una ventana de la casa de doña Carmen daba hacia un angosto callejón, tan estrecho que se podía, asomado a la ventana, tocar con la mano la pared de enfrente.

Si lograba entrar en la casa vecina, podría hablar con su amada y, entre los dos, encontrar una solución a su problema. Preguntó quién era el dueño de aquella casa y la compró a precio de oro.

Fue muy grata la sorpresa de doña Carmen cuando, asomada a su balcón, se encontró a tan corta distancia con el hombre de sus sueños.

La feliz pareja conversaba amorosamente, y cuando más abstraídos estaban, se escucharon los gritos violentos del padre de doña Carmen, quien empujaba la puerta mientras del otro lado Brígida resistía con todas sus fuerzas para impedir que su amo entrara a la alcoba de su señora.

El padre empujó a la protectora de doña Carmen, como era natural y de un solo golpe clavó una daga en el pecho de su hija. Don Luis enmudeció de espanto mientras seguía tomando de la mano a doña Carmen. Ante lo inevitable, don Luis dio un tierno beso sobre aquella mano tersa y pálida, ya sin vida.

La princesa de la bufa
(Guanajuato)

En el Cerro de la Bufa, aparece una princesa encantada de rara hermosura, que en la mañana de cada jueves festivo del año, sale al encuentro del caminante varón y lo alienta para que la conduzca entre sus brazos hasta el altar mayor de la que hoy es la basílica de Guanajuato, y que al llegar a ese sitio volverá a esplender la ciudad encantada, toda de plata, que fue esta capital hace muchos años, y que ella, la joven del hechizo, recobrará su condición humana.

Pero para romper este encantamiento hay condiciones precisas, tales como que el viajero, fascinado por la belleza de la joven que le llama, tenga la fuerza de voluntad suficiente para soportar varias pruebas: que al llevarla en sus brazos camine hacia adelante sin distracción y sin voltear, aunque escuche voces que le llamen y otros ruidos extraños que se produzcan a su espalda; si el elegido pierde la serenidad y mira atrás, entonces la bella muchacha se convierte en horrible serpiente y todo termina ahí.

La oferta es muy tentadora: una lindísima muchacha y una fortuna inacabable, pero ¿quién será el galán con temple de acero que pueda realizar esta hazaña?

La azucena del convento de las Carmelitas (Michoacán)

Doña María Fuensálida, marquesa de Aldara, era una joven de veinte años, hermosa, de rostro ovalado, ojos grandes y azules, boca pequeña de labios delgados y de larga cabellera dorada.

Su vocación a la vida religiosa había sido decidida. Muchos nobles y ricos pretendientes pidieron su mano y a todos con la mejor cortesía se la negó. Hubo uno, sin embargo, más tenaz que todos: don Luis Peláez, mayorazgo de la Montaña de Santander que vino a México, acompañando al virrey marqués de Croix y quedó prendado de la belleza de doña María.

Para ella era el menos simpático de sus pretendientes ya que aparte de su poca nobleza y dinero aunque era apuesto y elegante militar, era un aventurero, de conducta derrochada y de mal genio. Y si a pretendientes tan nobles y ricos de irreprochable conducta, había negado su mano, "¿Cómo se la iba a conceder a un aventurero?". Esto molestó a don Luis de tal manera, que la perseguía a donde fuera: en la calle, en su casa, en los paseos, en los conventos.

A causa de esto, sus padres, decidieron llevarla al Beaterio de Carmelitas, que estaba al sur de Morelia. Allí vivían las religiosas que servían a Dios, a los demás y a sí mismas, ocupadas cada día en la oración, en los oficios divinos, en la educación de las niñas pequeñas, en la fabricación de los famosos guayabates y en el cuidado del jardín y de la huerta del convento.

Allí, en aquel asilo pasó sin contratiempo el año de noviciado de doña María quien era llamada sor Angélica de la Cruz. Sin embargo, don Luis logró descubrir el lugar donde vivía doña María y fue en su busca, furioso y desesperado.

Apenas llegó a Morelia y ya estaba rondando el convento para encontrar un momento oportuno para verla y hablarle. Pero jamás consiguió nada. En las horas en que las religiosas asistían al coro, allí estaba don Luis junto a la reja observando para ver si la distinguía, y al menos contemplarla. Cuando cantaban, afinaba su oído a ver si escuchaba entre todas su dulce voz.

Sin embargo, todo era inútil, porque sabiendo la superiora que allí estaba don Luis, permitía a sor Angélica faltar al coro, cuando la iglesia estaba abierta, para ocultarla de su tenaz perseguidor.

Esta situación no podía durar para siempre. Aburrido, enojado, don Luis comenzó a meditar un plan para ablandar a la dama. Pensó asaltar el convento en altas horas de la noche, robarse a sor Angélica y huir con ella, para vengar tanto menosprecio sufrido hasta entonces.

Una madrugada, cuando las religiosas estaban dormidas y los servidores del convento aún no llegaban, con una ganzúa abrió la puerta de la huerta. Llegó cautelosamente al silencioso claustro y se dirigió a la celda de sor Angélica que dormía apaciblemente. Entreabrió la puerta, la contempló absorto por breves instantes, la tomó en sus brazos y se dirigió a la huerta.

Sor Angélica comenzó a gritar, por lo que la amordazó, de tal modo que las demás religiosas no oyeron nada. Ya en la huerta, sor Angélica con grandes esfuerzos trataba de escapar de los brazos de su raptor; mas este enfurecido por la resistencia heroica de aquella virgen, le ató una soga al cuello y la colgó del fresno que estaba junto al pozo y huyó precipitado.

Por la mañana las religiosas encontraron el cuerpo de sor Angélica que se mecía, colgado de unas ramas del fresno. Por un momento pensaron que había sido un suicidio, pero después recapacitaron; sor Angélica era un modelo de virtudes incapaz de llevar a cabo semejante crimen.

A pesar de que para las religiosas todo era muy claro: se había tratado de un rapto y como ella se defendió fue asesinada, colgándola para que dijeran que había ocurrido un suicidio, siendo el primer sospechoso don Luis conocido ya de toda Valladolid, y que había desaparecido de la noche a la mañana. La autoridad virreinal tomó cartas en el asunto sin aclarar nada; a pesar de que la puerta de la huerta se había encontrado abierta, ya que el jardinero no se acordaba si la había o no cerrado.

Descolgaron el cadáver y sin las honras fúnebres del caso lo sepultaron al pie del fresno del pozo. Consternadas, sin embargo, las religiosas no dejaban de suplicar a Dios por el eterno descanso del alma de sor Angélica, aunque todo parecía indicar que había muerto en pecado.

Pasó el tiempo, ya casi nadie se acordaba del espantoso suceso, cuando una mañana el jardinero encontró sobre la fosa de sor Angélica una mata de azucena florida sin que nadie la hubiera plantado ahí. Cada año se repetía el fenómeno hasta que la superiora a petición de la comuni-

dad, mandó exhumar los restos de sor Angélica, lleván-
dolos a la iglesia donde se les cantó un funeral y le dieron
sepulcro, al lado de las demás religiosas muertas, en olor
de santidad.

Año tras año se repetía el prodigio de la azucena con
grande admiración de todos.

La piedra negra
(Zacatecas)

Todo comenzó por la ambición de dos amigos que decidieron abandonar sus ocupaciones para aventurarse en busca de una mina que les diera riqueza.

Allá por los ochenta del siglo XIX, vivía en Zacatecas Misael Galán, que gozaba de un buen sueldo como empleado de un comercio dedicado a proveer las minas de la región. En el almacén que estaba a su cargo se vendía pólvora, sogas, cubos para elevar el mineral y vaquetas para los cubos, barras, picos y cuñas para excavar carbón para las fundiciones. Misael, en contacto con esos materiales soñaba con la oportunidad de poner en práctica sus pretensiones de minero, las insistencias de Gildardo Higinio, su amigo de siempre, lo habían convencido a invertir sus ahorros en herramientas y materiales para iniciar la búsqueda del yacimiento.

Durante varios fines de semana, los amigos caminaron incansablemente por las montañas colindantes; especialmente inspeccionaron el poniente de la cordillera que separa a Vetagrande de la capital zacatecana.

Con mucho ánimo recorrieron el camino a Vetagrande. Antes de llegar al Cerro del Magistral, se desviaron al oriente para empezar ahí su búsqueda; todo el día caminaron examinando los montes y, al atardecer, decidieron regresar al campamento para dormir. Al bajar una empinada loma, de repente se toparon con la entrada de una cueva de aspecto extraño, se acercaron con precaución. Ya dentro de la caverna, después de caminar un poco, se presentó ante sus ojos algo fantástico: incrustada en el peñasco se veía claramente una gran roca brillante. Ante tan maravilloso descubrimiento, los dos jóvenes lanzaron gritos de alegría y, con entusiasmo, se dedicaron a escarbar alrededor de la piedra.

"¡Esto es oro!", decían con exaltación los afortunados. Les tomó mucho tiempo desprender la piedra, una vez logrado su cometido y con muchos trabajos, debido al peso de su carga y a lo accidentado del terreno; a campo traviesa lograron llevarla hasta el arroyo que baja de Vetagrande, y frente a ella quedaron extasiados contemplando su flamante tesoro.

Volviendo de su ensimismamiento, comenzaron a desconfiar de que alguien los hubiera descubierto; tras unos minutos y en medio del silencio nocturno que reinaba a su alrededor, concluyeron que estaban solos. No podían dormir, a pesar del cansancio y de que ya era más de medianoche.

Cada quien imaginaba lo que iba a disfrutar el resto de su vida con ese descubrimiento. Al recordar de nuevo la piedra, con sobresalto examinaban si había alguna amenaza que pusiera en peligro sus vidas o su preciado bien. A ratos se miraban uno al otro con mutuo recelo e inquietud, sin poder definir qué estaba pensando el compañero.

Nadie sabe que pasó durante el resto de la noche; el caso es que, al día siguiente, un joven pastorcito descubrió los cuerpos de los dos frustrados mineros, uno de ellos presentaba una fractura craneal producida, según todos los indicios, por la caída directa sobre una brillante piedra compuesta de arsénico y azufre.

Los cuerpos fueron sepultados y los motivos que condujeron a su muerte permanecieron en el misterio. Quizá ante la presencia del supuesto oro descubierto, los dos infortunados se vieron condenados a ser juguetes de la codicia.

La piedra también fue olvidada y poca atención le prestaron quienes sí conocían de metales, ya que esta era de poco valor. Ya sea por coincidencia o por maleficio, pero después de unos días un grupo de jóvenes que iba de paseo, pasó junto a la piedra y alguien la señaló recordando aquel trágico suceso; uno de ellos aprovechó la piedra y empezó a frotar el borde de su cuchillo para afilarla. Con movimientos lentos realizaba afanoso su tarea desentendiéndose de los demás. Parecía transformado, él que era alegre y platicador, estaba embelesado contemplando los brillos del filo de su cuchillo.

Solo reaccionó cuando sus amigos lo llamaron; volteó con un movimiento agresivo y uno de los jóvenes, se burló de él por la forma en que estaba afilando su arma. Sin pensarlo, le contestó con una cuchillada, la cual alcanzó a herir el brazo del impertinente. Cuatro jóvenes se lanzaron sobre el agresor que se aferraba al arma, sujetándolo para lograr que se calmara.

Más tarde, el joven del cuchillo juraba no recordar nada de lo ocurrido. A partir de entonces, la piedra del crucero del arroyo adquirió fama de propiciar el crimen.

La gente se dio cuenta que cada vez que alguien afilaba su arma en la piedra del arroyo de Vetagrande, después de un baile o simplemente ebrio, de seguro provocaba un pleito o lesionaba a su rival, aun siendo "muy amigos"; consecuentemente, abundaron los heridos y los muertos.

También la gente observaba que, conforme aumentaba la cifra de hechos de sangre, la piedra iba cambiando de color, se estaba volviendo negra.

Otro hecho relacionado con la piedra fue el pleito de Andrés Mendívil y Lorenzo Rafael, que confirmó la sospecha de que algún maleficio había en la piedra.

Lorenzo era muy fanfarrón, derrochaba en la parranda, contando a hombres y mujerzuelas sus hazañas, ya fueran ciertas o imaginarias. Andrés, por el contrario, era pasivo y disfrutaba sentarse solo en la orilla del camino, para cantar tocando su guitarra y suspirar por el amor de María Paloma de Ávila, la muchacha más codiciada del rumbo.

Un domingo Andrés, decidido a conquistar a Paloma, la acompañó en el camino de la iglesia a su casa, la cual estaba asentada al pie de la Bufa por el barrio de la Pinta. Por un largo rato estuvo sin hablar, ofreciéndole solo una flor. Para animarlo, Paloma le dice que en la siguiente esquina estaba su casa. El joven se alienta y le confiesa su amor; Paloma sorprendida solo pudo dar como respuesta un: "sí, todo está bien, adiós".

La familia de Paloma concedió el permiso para que entablaran relaciones una vez que él le propuso matrimonio. Andrés gozaba la vida; cumplía sus labores con entusiasmo, disfrutando de antemano los recatados encuentros con su amada.

Una tarde el fanfarrón de Lorenzo se topó con Paloma, a quien intentó abordar, y un grupo de amigos que se dieron cuenta del rechazo que recibiera su respuesta, lo retaron a seducir a la dama. Aceptada la apuesta, Lorenzo se dedicó a partir de ese momento al asedio constante de la buena muchacha.

A medida que se aproximaba la fecha de la boda, Lorenzo insistía más en la conquista, y entre más era rechazado, más atosigaba a la dama. Por prudencia, Paloma no le comunicó a Andrés los acosos de los que era objeto. Quince días faltaban para la esperada boda, y ese domingo un amigo de Andrés le contó las intenciones de Lorenzo. Decidido a reclamar lo suyo y cualquier ofensa hecha a su amada, le pidió a su amigo su cuchillo; el amigo al dárselo le advirtió que tuviera cuidado, pues justo el día anterior lo había afilado al salir de la mina en la piedra del arroyo de la Veta...

En cuanto tuvo contacto con el arma, Andrés se sintió poseído de un furor homicida. Fue directo al Vivac, mesón donde sabía que se encontraba aquel a quien ya consideraba su enemigo. Antes de entrar al mesón se alcanzó a escuchar el llamado de Paloma, al que no prestó atención;

ella, igualmente advertida por una amiga de que Andrés iba en busca de Lorenzo, pretendía evitar el encuentro.

Decidido, Andrés entró al Vivac, un silencio invadió al lugar. El vecino de Lorenzo, con disimulo le previno acerca de la aparición del prometido de Paloma. Lorenzo no se inmutó confiado en aventajar al recién llegado. Después de un intercambio de palabras, Lorenzo atacó a Andrés, quien con asombroso movimiento desaparece del frente del Lorenzo, rodando a su costado. En los siguientes golpes, cambia la actitud confiada de Lorenzo que siente, al igual que los presentes, no llevar las de ganar. Por el contrario, ven al antes pacifico Andrés manifestar un valor y un agilidad insospechadas; el brillo de su puñal se cruza con el brillo de sus ojos, una fiereza inaudita parece poseerlo, esquivando golpes de su adversario y mostrando seguridad en cada movimiento.

Cuando Andrés da una certera cuchillada a Lorenzo y se prepara para darle otra mortal, un grito y la presencia de Paloma sorprende a todos; en un segundo, Paloma se interpone entre los rivales; abrazando a su amado incita a los presentes a calmar aquel pleito; implorando logra que Andrés se desprenda del arma homicida y se vaya.

En este caso, se pudieron evitar los trágicos resultados. Sin embargo no tuvieron la misma suerte otros, resultado de los constantes pleitos que se dieron durante meses.

La piedra ya estaba negra lista para acicalar las armas mortales. Y de luto vestían ya muchas familias. Las autoridades civiles y eclesiásticas, frente a los constantes hechos sangrientos, discretamente se reunieron y decidieron, entre el gobernador del estado y el tercer obispo de la Diócesis de Zacatecas, fray Buenaventura del Corazón de María, Portilla y Tejada, adoptar medidas eficaces, cada quien según sus medios, para remediar tan caótica situación.

El 15 de abril de 1888, el señor obispo acompañado de su sabio consejero, fray Félix Palomino, y de cuatro diáconos, salieron al anochecer rumbo al camino de Vetagrande. Durante mucho tiempo, la gente se preguntaba el por qué y cómo había desaparecido la piedra negra. Varias noches de desvelo pasaron el obispo y los canónigos para discernir, pidiendo la iluminación divina, el destino que debería asignarse al diabólico objeto; después de un excesivo estudio de los detalles teológicos y de aplicarle pruebas exorcizales, decidieron el lugar final de la piedra, sin mancillar el lugar.

Meses después, la gente del vecindario descubrió la piedra, puesta bajo custodia en un sagrado lugar. El sitio escogido por el obispo para colocar la piedra fuera del alcance de los belicosos, fue en lo alto del muro posterior de la catedral, empotrada precisamente abajo de la campana chica que servía para llamar al sacristán. Es el único bloque de color obscuro que tiene la catedral en su construcción. Hay quien asegura haber visto, sobre todo en los días de lluvia, desprenderse de la piedra espectrales brillos azulosos provocando temor y zozobra a los testigos del fenómeno.

El árbol del amor
(Zacatecas)

El árbol del amor está siempre verde, frondoso, es un árbol muy especial, que pertenece a una especie muy rara, al grado que se dice que no hay otro ejemplar en el continente americano; eso explica la confusión de quienes han tratado de identificarlo con alguna especie conocida.

Allá por 1850, un francés llamado Philipe Rondé, con admiración se extasiaba mirando la artística fachada del templo de San Agustín; sentado en el jardín, todos los días dibujaba.

Una hermosa joven, de nombre Oralia, vivía en una de las señoriales casas que daban marco colonial al jardín. La dama contagiaba la alegría de vivir a todo lo que la rodeaba. Juan era un humilde aguador, que soñaba encontrar plata para ofrecérsela a Oralia, a quien amaba en silencio; sin embargo, la conciencia de su pobreza lo hacía verla como la más lejana estrella.

Por las tardes, después de ir a las minas abandonadas
con la ilusión de encontrar plata, Juan vendía aguas, siempre acompañado de su burro al que recitaba sus improvisa-
dos versos de amor, caminando más de prisa con la ilusión
de contemplar a Oralia al entregarle el cristalino líquido.
Parte del agua era para regar las plantas del jardín, que estaba en el centro de Zacatecas lo que es la actual plaza de
Miguel Auza, y especialmente para el árbol que cuidaban
con esmero.

Oralia cada vez sentía un cariño, más allá de la amis-
tad, por el aguador que por su parte día a día se ganaba
también a la gente que se reunía en este apacible rincón.
Sin saberlo, Juan tenía un rival, que con mucha cortesía y
modales refinados, conquistaba cada vez más el corazón
de Oralia, quien estaba confundida por sus encontrados
sentimientos, ante la presencia de Philipe, aquel francés
que la colmaba de atenciones.

El francés, siempre impecable en sus modales y pulcro
en el vestir, visitaba a la familia, no tanto por correspon-
der a su hospitalidad al ocurrir la ocupación de las tropas
francesas en 1864, sino con la secreta esperanza de impre-
sionar a Oralia, de quien se había enamorado.

Con el permiso de los padres, solían sentarse bajo la
sombra del árbol que Oralia regaba y cuidaba; entonces

Philipe le contaba sobre su patria y la joven echaba a volar su imaginación. Mientras Juan sufría en silencio al verlos juntos, sin poder hacer algo para evitarlo, y al comprender las diferencias sociales que lo separaban de su amor, soñando siempre con encontrar la veta de plata que le ayudara a realizar sus sueños.

Juan todos los días escarbaba duro en las minas; al final de la jornada, se dirigía con su fiel burrito a llenar sus botes del agua de la fuente y a repartirla a las familias, procurando dejar al último la casa de Oralia para poder estar un poco más de tiempo con ella.

Gracias a su simpatía, Oralia lo esperaba con impaciencia para que le ayudara a regar su árbol, como ya era costumbre. Al hacerlo, su regocijo se mostraba en el lenguaje secreto de los enamorados, siendo testigo su árbol.

Una tarde en el templo, Oralia lloró en silencio al comparar dos mundos tan opuestos, implorando ayuda para tomar la mejor decisión en tan cruel dilema sentimental.

Al salir del templo, sin haber tomado alguna, se sentó bajo el árbol y volvió a llorar; después de un rato Oralia recuperó la paz y encontró el valor suficiente para decidirse por el aguador, sin importarle su humilde condición.

Oralia informó su decisión a Philipe, quien al día siguiente, se presentó puntual en la casa de la familia de la dama e informó de su próxima partida de la ciudad y del país. La joven lo despidió junto al árbol, ahora ya tranquila al comprender que había tomado la decisión más correcta de su vida.

Mientras tanto en la mina, Juan vio un tenue brillo, una corazonada hizo intuir al joven que ahí estaba la veta que buscaba, y con nuevos bríos continuó excavando hasta sacar el preciado metal.

Al día siguiente, al llegar con el agua, Oralia lo notó más alegre que de costumbre, no se pudo contener al verlo tan feliz y, sin pensarlo, le estampó un gran beso cuando se encontraban regando, entre risas, el árbol.

Juan ni de la plata se acordó, y olvidó completamente el discurso que toda la noche había ensayado, al ver caer racimos de flores blancas del árbol, que así compartía la culminación de tan bello amor.

El secuestro de Lola Casanova
(Sonora)

En Sonora vivía una bella joven de dieciocho años: Lola Casanova. El padre, un próspero comerciante, estaba orgulloso de la hermosura de su hija: ojos verdes, cabello dorado y piel blanca; la joven ya tenía planes para casarse con un rico peninsular que residía en el mismo puerto.

Lola fue a pasar unas vacaciones a Hermosillo con un tío. En ese tiempo los seris andaban cometiendo delitos en los lugares cercanos a la costa, desde Guaymas hasta las playas de Altar. Por ello las diligencias que transportaban a los viajeros del puerto, a la antigua Villa del Pitic (Hermosillo), eran protegidos por una numerosa escolta. Lola salió de Guaymas la mañana del 2 de abril de 1854 con su madrina, protegida por 15 militares que escoltaban la diligencia.

Al llegar el convoy a un punto conocido como La Palmita, los seris lo atacaron y después de un reñido combate, los indígenas vencieron. Algunos viajeros murieron, otros lograron huir y en uno de los carros se quedó desmayada Lola Casanova.

El jefe de los seris, un individuo alto y fuerte tomó a Lola en sus brazos y huyó con ella. Lola al volver en sí quedó petrificada al ver a aquel guerrero y después intentó huir; pero el indio la jaló de la ropa tirándola de rodillas a sus pies, entonces le dijo en claro español: que no temiera de él, ni huyera; que aunque era el jefe de la tribu, no era seri sino pima y muy joven en un combate había caído en poder de los seris, a quienes, a través de los años había logrado conquistar por su valor y su destreza. Le dijo también que se había enamorado de ella y que la haría reina de la tribu.

Coyote-Iguana, el pima que secuestró a Lola, la llevó a su aldea y como no quería que se sintiera prisionera le construyó su propia vivienda. El indígena sabía que la muchacha no podía huir porque no sabía en qué lugar se encontraba la comunidad seri.

Lola pronto aprendió el dialecto seri y las costumbres de la tribu, y comenzó a vivir como las mujeres solteras. A los dos años Coyote-Iguana con un grande remordimiento y amor le dijo que al siguiente día, antes de salir sol, podía volver a su tierra, que dos guerreros la acompañarían cerca de Guaymas, pero Lola, que ya se había enamorado de él le dijo que ahí se quería quedar.

Aún en las comunidades seris de Punta Chueca y El Desemboque se encuentran miembros de la tribu descendientes de Lola Casanova y del jefe Coyote-Iguana.

El diablo en el Country Club (Sonora)

Una noche de 1957 en el Country Club, uno de los salones de baile más elegantes de la ciudad de Hermosillo, donde asistía la crema y nata de la ciudad, muchos notaron la presencia de un enigmático personaje. No lo conocían, pero por sus finos modales pensaron que se trataba de un extranjero adinerado.

Afilándose los bigotes de punta, se fijó en una joven que charlaba con un grupo de amigas y sin más ni más la invitó a bailar. Ella aceptó de inmediato, pensando que quizás al fin había encontrado un buen partido. Algunos dicen que la pareja bailó con tanta elegancia y estilo que de inmediato provocó la curiosidad en los galanes y la envidia de las jóvenes con la afortunada muchacha que era rodeada por los fuertes y varoniles brazos del enigmático personaje.

De pronto, ella empezó a sentir que se elevaba del suelo y vio con sorpresa cómo su acompañante ni se inmutaba, dándole tan solo una tétrica y burlona sonrisa; sintió luego, un ardiente fuego que la quemaba por toda la cintura y fue cuando se dio cuenta de la presencia del demonio.

El diablo soltó a la pobre chica que cayó desmayada en medio de la pista, mientras que él corría hacia los cuartos del fondo. Todos los presentes quedaron atónitos; unos se acercaron a auxiliar a la muchacha, mientras otros se lanzaron en busca del Maligno, pero grande fue su sorpresa al ver que los cuartos estaban completamente vacíos; entonces cundió el pánico y atropelladamente intentaban alcanzar la puerta de salida mientras que se dejaba sentir un fuerte y penetrante olor a azufre, y se escuchaba una escalofriante y maquiavélica risa.

A partir de esa noche, el salón no se volvió a usar. Y desde entonces en lo alto de la colina, frente a la estación de PEMEX, en los terrenos del campo de golf, ocurrieron cosas extrañas a las personas que en las noches pasaban por las ruinas de lo que fuera el Country Club.

La mulata de Córdoba
(Veracruz)

Hace más de dos siglos en la ciudad de Córdoba, vivía una célebre mujer, una joven que nunca envejecía a pesar de sus años. Nadie sabía de quién era hija, pero todos la llamaban la Mulata.

Para la mayoría de la gente, la Mulata era una bruja, una hechicera que había hecho pacto con el diablo, quien la visitaba todas las noches, pues muchos vecinos aseguraban que al pasar a las doce por su casa habían visto que salía una luz siniestra por las rendijas de las ventanas y de las puertas, como si por dentro un poderoso incendio devorara aquella habitación.

Otros aseguraban que la habían visto volar por los tejados en forma de mujer, pero despidiendo por sus negros ojos miradas satánicas y sonriendo diabólicamente con sus labios rojos y sus dientes blanquísimos.

Era pitonisa, vidente, bruja, un ser extraordinario para quien nada había oculto, a quien todo obedecía y cuyo poder alcanzaba hasta trastornar las leyes de la naturaleza. Cuando apareció en la ciudad, todos los jóvenes, prendados de su hermosura, se disputaban la conquista de su corazón. Pero a nadie correspondía, a todos menospreciaba, y por eso surgió la creencia de que el único dueño de sus encantos, era el señor de las tinieblas.

Sin embargo, aquella mujer siempre joven, frecuentaba los sacramentos, asistía a misa, hacía caridades, y todo aquel que la necesitara, contaba con ella, ya fuera en el umbral de la choza del pobre, que junto al lecho del moribundo.

Se decía que estaba en todas partes, en distintos lugares y a la misma hora; y se llegó a saber que un día la vieron al mismo tiempo en Córdoba y en México. La bruja también era el consuelo de todos: ya fueran las muchachas sin novio, las damas mayores, que iban perdiendo la esperanza de encontrar marido, los empleados despedidos, las damas que ambicionaban competir en ropas y joyas con la virreina, los militares retirados, los médicos jóvenes sin fortuna, todos acudían a ella, y a todos los dejaba contentos y satisfechos.

La fama de aquella mujer era grande. Por todas partes se hablaba de ella y en diferentes lugares de Nueva España, su nombre era repetido de boca en boca. Un día en la Ciudad de México se supo que desde la villa de Córdoba había sido traída a las oscuras cárceles del Santo Oficio.

La noticia tan asombrosa que se escapó, Dios sabe cómo, de los impenetrables secretos de la Inquisición, fue motivo de gran atención en todas las clases sociales, y se escucharon diferentes historias de aquel suceso: como en la que se sostenía que la Mulata no era hechicera, ni bruja, ni nada de eso, y que el haber caído en las garras del santo tribunal, era por una inmensa fortuna, que constaba de diez grandes barriles de barro, llenos de polvo de oro. Otras aseguraban que además de esto se hallaba de por medio un amante menospreciado, que ciego de despecho, denunció en Córdoba a la Mulata, porque esta no había correspondido a su amor.

Pasaron los años, las habladurías se olvidaron, hasta que un día se supo que la hechicera había escapado, burlando la vigilancia de sus carceleros.

Todo el mundo se preguntó cómo había sucedido esto, qué poder tendría aquella mujer para salir así y sorprender a los muy respetables señores inquisidores. Todos ignoraban las repuestas. Por lo que las más extrañas y absurdas explicaciones circularon por la ciudad. Hubo quien afirmaba, haciendo la señal de la cruz, que todo era obra del mismo diablo, que de incógnito se había introducido en las cárceles secretas para salvar a la Mulata; hubo quien afirmaba que como todo lo vence el amor... y que los del Santo Oficio, como mortales eran también de carne y hueso.

Lo que en realidad sucedió fue que en una ocasión, el carcelero entró al calabozo de la hechicera, y se quedó verdaderamente maravillado al contemplar en una de las paredes, un barco dibujado con carbón por la Mulata, la cual le preguntó con tono irónico:

—¿Qué le falta a ese navío?

El carcelero le contestó que si quisiera salvar su alma de las horribles penas del infierno, no estaría ahí, y evitaría al Santo Oficio que la juzgara; también le dijo que al barco solo le faltaba navegar, que era perfecto.

La Mulata le contestó:

—Pues si vuestra merced lo quiere, si en ello se empeña, andará, andará y muy lejos.

—¡Cómo! ¿A ver?— preguntó el carcelero con tono retador.

—Así —dijo la Mulata. Y ligera saltó al navío, y este, lento al principio, y después rápido y a toda vela, desapareció con la hermosa mujer por uno de los rincones del calabozo.

El carcelero, mudo, inmóvil, con los ojos salidos de sus órbitas, con el cabello de punta, y con la boca abierta, vio aquello sorprendido.

La momia de los ojos abiertos
(Guanajuato)

Hubo un fraile que vestía con sayal, calzaba humildes sandalias allá en los tiempos en que los religiosos cumplían más severamente con las obligaciones de su ministerio, y vivía una vida llena de austeridad y sacrificio.

Este sacerdote, por sus virtudes, fue muy querido, ya que solía consolar a los pobres y fortalecer a los débiles, de modo que se distinguió por su caridad entre toda la gente, la cual lo trataba muy bien, aun aquellos que gozaban de toda clase de comodidades.

Una vez al cruzar por la plaza del Baratillo, tropezó con un minero que gozaba fama de incrédulo, quien lo empujó y lo retó a tomarse una copa con él. El ministro, con toda humildad, le dijo:

—Gracias hijo, y que Dios te perdone— y siguió su camino.

El minero, a pesar de su embriaguez, pudo darse cuenta, con gran asombro de que el sacerdote no tocaba con los pies el pavimento, sino que se deslizaba a cierta altura del suelo.

De momento creyó que se debía a una confusión por su estado de ebriedad, pero viéndolo con más atención, comprobó que más que una persona física era como una sombra, y su espanto cundió de pronto.

Pasó sin embargo esta impresión, y algunos días más tarde sufrió un accidente en la mina, junto con otros compañeros.

Sintiéndose morir, pidió que le llevaran un padre. Así lo hicieron sus compañeros, y poco después allí estaba a su lado el cura, al cual le confesó que en una ocasión le había faltado a un sacerdote, burlándose de él. El fraile le contestó:

—Sí, ese soy yo.

El moribundo se estremeció de terror, y con los ojos desorbitados, viendo fijamente al religioso, exhaló el último suspiro.

Entre las momias que hay, está una que pertenece a aquel minero y que conserva la expresión de horror en su cara, con los ojos desmesuradamente abiertos, pues aseguran que nadie pudo cerrárselos después de su muerte.

El callejón del diablo
(Campeche)

Hace tiempo existía, cerca de lo que hoy es el centro de la ciudad, una estrecha calle conocida con el nombre de Callejón del diablo. Esta calle empezaba en el descampado de San Martín y desembocaba en la Zanja, era un pasadizo obscuro rodeado de árboles frondosos y atravesaba un paraje solitario en el que, a modo de vivienda, había una casa paupérrima habitada por un tísico. Ya sea por el enfermo, por el nombre del callejón o por su tenebrosidad, el hecho es que poca gente se aventuraba de día a pasar por este camino; y quien lo utilizaba, procuraba salvar su recorrido de manera apresurada. Naturalmente, de noche solo los temerarios se atrevían a cruzar la tal callejuela, teniendo para ello que valerse de todos sus sentidos, pues después del ocaso reinaba allí una profunda oscuridad.

En cierta ocasión, uno de aquellos bravos, volvía a casa, luego de una sabrosa plática con sus compañeros de la tertulia nocturna. Se internó en el callejón y, cuando estaba casi a mitad del camino, vio una figura que se recargaba en el tronco de uno de los árboles mencionados. Tuvo un ligero sobresalto, pero inmediatamente se recuperó y empuñando las manos, se dirigió resueltamente hacia el sujeto. Ya se encontraba a unos metros del individuo cuando, de pronto, se iluminó la escena y surgió ante los ojos del valiente un ser horrendo que reía malignamente. El caballero sintió que la tierra se hundía bajo sus pies, pero, gracias a su instinto de conservación, en lugar de desmayarse salió corriendo, logrando así evadirse de una segura desgracia.

La noticia de que en el callejón de marras se aparecía el demonio cundió entre la población y, a consecuencia del incidente ocurrido al trasnochador de la historia, se divulgó que otras personas ya habían sido asustadas por el monstruoso espectro. Y, si normalmente el callejón era poco transitado en las noches, al comprobarse que Lucifer se había establecido en él, ya nadie osaba ni por equivocación usar este camino después de ocultarse el sol.

Y, como sucede siempre que se trata de las calamidades públicas, alguien ducho en cuestiones diabólicas aconsejó que, para evitar que el diablo comenzara a incursionar fuera de su reducto y se abatiese sobre la comunidad quién sabe con qué malditos fines, se depositaran diariamente bajo el árbol infernal algunas ofrendas, de preferencia joyas y monedas de oro. Y así se hizo. Lo curioso del caso es que los supersticiosos que todas las mañanas iban a dejar obsequios a Satán, observaban que los del día anterior se habían esfumado, lo que les afirmaba en su convicción de que el diablo se complacía con los regalos que el pueblo le brindaba.

Pero el misterio llegó a oídos de dos fornidos pescadores, que ya se las habían visto en sus expediciones marinas hasta con poseídos, de manera que estaban curados de espanto. Como les pareció que había gato encerrado y que más bien era alguien que tenía costumbres de ratero, acordaron que como buenos hijos de Dios no podían permitir esta situación, así fuera el ladrón el mismísimo Belcebú.

Esa vez, al filo de la medianoche, dos siluetas penetraron resueltamente en el pavoroso callejón. Y, como es de rigor, el presunto diablo esperaba pacientemente apoyado en su árbol para infundir el terror del más allá al desprevenido transeúnte que se arriesgase a ingresar en aquellos dominios del infierno. Ya estaba el padre de las tinieblas listo para encender su cartucho de azufre y mostrarse a los que se aproximaban cuando súbitamente, a la luz de una antorcha nacida de la nada, vio emerger la imagen peluda, armada de negros cuernos y larga cola, del auténtico Satanás. No se reponía todavía de la sorpresa cuando sintió en las nalgas el fuego que le quemaba las entrañas, y que no

era más que un tizón al rojo vivo que diestramente acababa de aplicarle en esa región uno de los pescadores. Presa
de un pánico indescriptible, el falso demonio solo atinó
a decir:

—¡Jesús, el diablo quiere llevarme!— y gritando con
todas sus fuerzas, emprendió a toda velocidad la carrera.

A la noche siguiente, los pescadores fueron al callejón y, aunque montaron guardia hasta el alba, el diablo no
apareció por ningún lado. Sin embargo, al poco tiempo de
la vergonzosa retirada del adversario, se averiguó que un
prominente personaje de la localidad se debatía entre la
vida y la muerte a causa de una extraña y repentina enfermedad que, en forma de llagas, se le manifestó en los
glúteos, aparentemente producida por quemaduras profundas. El individuo sanó porque, según la opinión pública,
se arrepintió de sus culpas y donó a una institución para
pobres un lote de joyas, entre las cuales muchos creyeron
reconocer las que ofrecieron al diablo junto al árbol.

El señor del encino
(Aguascalientes)

En lo que hoy se conoce como Jardín del Encino existía un bosque con hermosos árboles de encino en donde sucedió lo siguiente: dos hermanos en edad de merecer se enamoraron de una mujer. Sin darse cuenta de que se trataba de la misma mujer de la cual los dos estaban enamorados, una noche tormentosa, se encontraron los dos hermanos en el bosque del Encino y ahí se dieron cuenta que amaban a la misma mujer. Empezaron a pelear y un hermano logró derribar al otro, y con un puñal en mano se abalanzó sobre su propio hermano para darle muerte, cuando de pronto cayó en medio de los dos un potente rayo que paró su fugaz carrera en uno de los árboles de encino desgajándolo.

Los hermanos quedaron asombrados al ver que, en el centro de aquel árbol surgió el Santo Cristo de Triana, el Santo Señor del Encino todavía humeante por el rayo. De inmediato comprendieron el error que estaban cometiendo, y postrados de rodillas ante la santa imagen le pidieron perdón al santo Señor del Encino y se encargaron de rendirle homenaje.

Así fue como surgió el Cristo de Triana del Barrio de Triana hoy conocido también como el Barrio del Encino.

El fantasma del jardín
(Aguascalientes)

Por el año de 1851, llegó a la ciudad de Aguascalientes un grupo numeroso de personas procedentes de Guadalajara, invitado por don Mariano Camino, iniciador de la primera Exposición de Industria, Artes, Agricultura y Minería que se verificaba en las Fiestas de San Marcos de ese año. Don Felipe Rey González fue uno de los que llegaron a probar fortuna.

Él era familiar de Luis González, uno de los primeros colonos del barrio de San Marcos y pensó le sería más fácil establecerse en ese lugar por tener un pariente. Se inició con una pequeña tienda durante la feria y como tuvo éxito, no dudó en comerciar en abarrotes y radicar por una temporada en esa villa.

Como en todo negocio al principio le fue difícil, pero poco a poco se fue dando a conocer y ya que había reunido ocho mil pesos, que sumado a su capital le daban cuarenta mil, pensó vivir definitivamente en Aguascalientes. En la calle de Flora, al lado norte del jardín construyó su casa, la que por muchísimos años ocuparon los descendientes del señor González.

Don Felipe González, temeroso de que alguien le fuera a robar su capital, que ya había aumentado, se dedicó a comprar alhajas así como oro macizo y sintió que en su casa no estaría seguro su tesoro, ya que la gente sabía que don Felipe Rey González tenía mucho dinero y que compraba oro así como joyas. Varias noches no pudo dormir pensando en dónde podría guardar su dinero.

No lo comentó ni con su mujer por el miedo de que esta tuviera alguna indiscreción con alguien y pensó que el lugar más seguro sería el Jardín de San Marcos. Nadie iba a pensar que en ese lugar se enterrara un tesoro y mucho menos iban a escarbar para buscar dinero. Y al pie de un gran fresno, entre un gran bosque de rosales, en el ángulo norte y oriente del jardín, una noche oscura, alumbrado únicamente por una vela, que se apagaba a cada instante por el aire, don Felipe enterró una caja de lámina y madera, de buen tamaño, en donde había depositado su tesoro.

El señor González, que aún tenía su negocio, con frecuencia pasaba frente a su "entierro", invitaba a sus amistades a tomar el fresco en el jardín, y se sentaba en el barandal frente a su tesoro enterrado. Invitaba a sus amigos a charlas, a jugar albures haciendo apuestas fabulosas o de perdida entretenerse jugando con la matatena. Así pasó algún tiempo. Un día, un grupo de amigos de don Felipe comenzaron a jugar albures.

Todo era alegría y entusiasmo, hasta que alguien hizo trampa y comenzó la algarabía; hubo insultos, gritos y de pronto salieron a relucir las pistolas, y sin más se escucharon varios tiros, la gente se dispersó despavorida; a un hombre que corría por la esquina de Flora y Rivera, le alcanzó un tiro que lo dejó muerto al instante. Dos más fueron heridos gravemente. Don Felipe Rey González palideció ante aquel zafarrancho y no supo qué hacer. Aterrado volteaba a ver su tesoro, e inmóvil permaneció un rato en ese lugar, hasta que llegó la policía y, sin más, se lo llevaron preso hasta que se aclarara aquel pleito donde había un muerto y dos heridos.

Durante algún tiempo, don Felipe estuvo preso. Una de sus más grandes preocupaciones era su tesoro enterrado en el Jardín de San Marcos, del que nadie estaba enterado. Aquello lo hizo enfermarse gravemente. Tenía una pena moral que nadie conocía y lo estaba acercando a la tumba. El señor González se encomendó a la Virgen del Pueblo. Le ofreció parte de su tesoro, así como una misa solemne de tres padres, orquesta y cohetes, si salía de aquel tormento y continuaba con su vida normal, ya que él no había sido culpable del pleito entre sus amigos. Un buen día, sin más ni más, le notificaron a don Felipe Rey González, que salía por falta de méritos. No lo podía creer. Se pellizcaba para ver si no soñaba, y al estar frente a la puerta de salida del reclusorio y ver a su familia y amigos, no pudo más que ponerse a llorar.

Antes de llegar a su casa pidió bajarse en el Jardín de San Marcos, caminó por el lado norte hasta llegar a su rosal consentido, en donde estaba enterrado su tesoro, para después disponerse a llegar a su casa, en donde le esperaba una fiesta que le habían organizado sus amigos. Al pasar los días de euforia, tranquilidad y alegría, don Felipe continuó en su vida cotidiana. Hablaba de lo bien que le hacía caminar por el Jardín, sentarse en el barandal a tomar el aire fresco y escuchar el trino de los pájaros, y sus amigos llegaban a jugar albures en aquel lugar de reunión que había hecho don Felipe Rey González.

Pasado algún tiempo, el señor González volvió a estar muy enfermo. No se levantaba, lo único que lo hacía animarse era dar una vuelta por el jardín, lo que pedía mañana y tarde. Pero llegó el día que el pobre hombre no podía caminar, había perdido el aliento hasta para hablar y así se le fue apagando la vida. Antes de morir quiso hablar con su mujer, pero ya no pudo, le señalaba el jardín, el templo, pero nadie entendió lo que era su última voluntad.

El ofrecimiento que le había hecho a la Virgen del pueblito nunca lo cumplió y con ese remordimiento se fue a la tumba.

Después de su muerte, los vecinos aseguraban que se aparecía todos los días, a la misma hora, en el Jardín de San Marcos. Que se le veía caminando por el lado norte, llegaba a la puerta de la iglesia de San Marcos y desaparecía. Y desde entonces se le conoce como "El Fantasma del Jardín". Nadie supo del tesoro, no se sabe si alguien lo encontró o todavía se encuentra sepultado en ese lugar.

Aún en nuestros días persiste esta creencia, por lo que muchas personas se rehúsan a atravesar el Jardín a altas horas de la noche. Solamente durante la Feria de San Marcos es cuando se ve concurrido por las noches, por no conocer los fuereños la leyenda y porque los lugareños se sienten acompañados por los cientos de personas que disfrutan de este legendario y romántico parque.

La mano negra
(Morelia, Michoacán)

El padre Marocho era una celebridad en la provincia de agustinos de Michoacán, distinguiéndose principalmente por sus virtudes y después por ser pintor excelente que cubrió de cuadros de indiscutible mérito artístico todos los conventos de la provincia; por ser orador consumado, que con sus sermones llenos de elocuencia y de unción conmovía profundamente al auditorio por distraído que este fuese; por ser teólogo y canonista como pocos de gran memoria y aguda inteligencia.

Hubo una reunión en el convento de San Agustín de Valladolid y los padres capitulares habían venido de las más remotas regiones de la provincia, y entre ellos el padre Marocho que residía de ordinario en el convento de Salamanca.

Siempre el padre Marocho, por su antigüedad en la orden y por los cargos que en la misma desempeñaba, tenía el segundo lugar después del provincial en el capítulo y se sentaba en el primer sitial a su derecha.

No había discusión en que no participara, ya fuera dando datos históricos, recordando cánones, citando autoridades filosóficas y teológicas, discurriendo de modo que sus palabras eran escuchadas con verdadera sumisión y sus sentencias eran decisivas, influyendo grandemente en los resultados del capítulo, en donde se decidían cuestiones de capital importancia para la provincia y para la orden.

A pesar de que en lo general el padre Marocho tenía una gran sabiduría, mientras duraba el capítulo, estudiaba en su celda o en la biblioteca del convento hasta altas horas de la noche.

Una noche estaba el padre Marocho en la biblioteca, el silencio más profundo reinaba en aquel recinto. De repente el padre Marocho, escuchó un ruido extraño a su lado, volteó y vio que una mano negra cuyo brazo se perdía en las tinieblas, tomando entre sus dedos la llama de la vela, la apagó, quedando el pabilo humeante. Con la mayor tranquilidad y presencia de ánimo dijo al diablejo:

—Encienda usted la vela, caballero.

En aquel momento se oyó un ruido y se vio de nuevo que la mano negra encendía la vela de cera.

—Ahora para evitar travesuras mayores, con una mano me detiene usted en alto la vela para seguir leyendo y con la otra me hace sombra a manera de velador, a fin de que no me lastime la luz —dijo el padre.

Y así continuaron durante la noche; el sabio de cabeza encanecida por los años, los estudios y las vigilias, inclinado sobre su infolio de pergamino. A su lado dos manos negras cuyos brazos eran invisibles, una deteniendo la vela de cera amarilla y la otra cuidando la flama.

Al llegar la madrugada, por los ojos de buey de la biblioteca empezaron a entrar los primeros rayos de sol, entonces como ya no era necesaria la luz de la vela, el padre Marocho exclamó:

—Pues bueno. Apague usted la vela y retírese; si necesito de nuevo sus servicios, yo le llamaré.

Mientras el padre bostezaba, restregándose los ojos, se oyó un ruido sordo de alas que se movían.

No tardó en concluir el capítulo, quedando arregladas todas las cuestiones que hubo para convocarlo. Sin embargo, el padre Marocho se quedó en el convento a descansar por algunos días más. Vivía en una celda que tenía una ventana que daba a la huerta del convento. Desde allí, como en un observatorio, contemplaba aquel artista un espléndido panorama: las desiguales azoteas de las casas de aquel barrio, la loma de Santa María y el cerro azul de las Ánimas, sirviendo de fondo al paisaje. Como el sol al ponerse, antes de ocultarse tras las montañas, teñía de rojo, los suelos, los muros, las bóvedas, los marcos de las puertas de las celdas, las imágenes de piedra colocadas en sus hornacinas, produciendo unos tonos nacarados y unas transparencias admirables, el padre Marocho quiso pintar aquellos juegos de luz y se sentó frente a su caballete con su paleta en la mano izquierda y su pincel en la derecha y cuando menos acordó, aquella mano negra le daba los colores y los pinceles que necesitaba para manchar su tela.

Una noche, antes de su partida del convento, el padre vio en cierto lugar de la celda la misma mano negra que apuntaba fijamente. Él no hizo caso, porque ni tenía ni podía tener hambre de tesoros. Cerró sus ojos y se durmió.

Después de muchos años, un pobre, habitando la misma celda, se halló un tesoro en el mismo lugar apuntado por la mano negra.

La ventana del muerto
(Morelia, Michoacán)

Hace muchos años, cuando florecía el convento del Carmen, había entre los novicios un joven de la más noble familia, que en religión había tomado el nombre de fray Jacinto de San Ángel. De carácter extremadamente gracioso, era el ocurrente del convento: no faltaba religioso por grave que fuera a quien no le pusiera un agraciado apodo; no faltaba novicio a quien no molestara con travesuras pesadas; sacristán a quien asustara para que tirara las vinajeras llenas de jerez, o la lumbre del incensario; no faltó viejo hermano a quien no le pegara con cera de Campeche en el ribete del manto un diablillo de papel; organista a quien no cambiara repentinamente los registros del órgano en los momentos más solemnes en que ejecutaba clásicas marchas; hasta la cocina se metía, echando en la olla del puchero cuentas de rosario viejo junto con los garbanzos.

Para quitarle ese carácter o por lo menos para mortificarlo, el maestro de novicios le había aplicado todos los castigos que estaban a su alcance; amonestaciones, avisos espirituales, correcciones corporales, encierros en la celda, amenazas de despedirlo del convento vergonzosamente, llevadas a la severa presencia del superior; pero todo era en vano.

Por otro lado, con toda puntualidad practicaba la regla del convento y en ella era modelo de vocación religiosa: ayuno perfecto, asistencia puntual al coro, nadie oía o ayudaba en la misa mejor y con más devoción que él. Por estas cualidades y en atención a su familia, le toleraban su manía de travesuras casi incorregible.

Enfermó de mortal dolencia fray Elías de Santa Teresa, un novicio, serio como ninguno y disciplinado como todos de la santa regla. Los médicos habían sido inútiles; se daba a entender que Dios le llamaba a su seno amoroso, y por lo tanto decidieron que recibiera los auxilios espirituales que la santa Iglesia tiene para los fieles cuando van a partir de esta vida mortal a la eterna.

Toda la comunidad se había reunido en el templo. El superior vestido con una solemne sotana, llevaba en sus manos la copa de oro que contenía la forma eucarística. Dos religiosos con incensarios de plata nublaban el ambiente con el perfumado humo del incienso. Dos filas de frailes con vela encendida en la mano acompañaban al viático, y muchos niños de los que se educaban en el convento esparcían por el suelo pétalos de frescas y fragantes rosas. El enfermo recibió el viático entre las graves y sublimes notas del *miserere* cantando en la capilla de la iglesia y las protestas de amor y de fe sencilla y acertada.

A pocos momentos entró en agonía el enfermo, volando su alma a Dios. Sollozos entrecortados, plegarias fervientes siguieron a su muerte. Todos envidiaban aquella dicha. En seguida pusieron el cadáver en el féretro y lo condujeron, rezando el *De Profundis*, a la sala donde acostumbraban depositar los cadáveres de los religiosos para hacerles las honras fúnebres: la misa de cuerpo presente y el oficio de difuntos, para en seguida llevarlos a sepultar a la cripta.

Había llegado la noche. Fray Jacinto contemplando desde la ventana de su celda el cielo, estaba fuera de sí, se ponía serio, dejaba la eterna risa que bullía en sus labios y hasta envidiaba la dicha del hermano muerto aquella tarde.

En eso suena la campana del convento llamando a maitines. En los silenciosos y oscuros pasillos iban apareciendo los monjes que salían apresuradamente de sus celdas dirigiéndose al coro. Era fiesta de primera clase, porque era el 24 de diciembre en que se conmemora la Natividad del Señor. Los maitines y laudes eran solemnes y por lo mismo innumerables fieles llenaban el templo bizantino. La iluminación era espléndida y fantástica. Centenares de farolitos destellaban. En el altar mayor lucía un Nacimiento. En los maitines, los laudes, misa de gallo; los frailes, los fieles, como los niños, cantaban con gran devoción.

Pasó la fiesta. Las luces fueron apagándose una a una y los fieles abandonaron el recinto sagrado del templo. Entonces los monjes se encaminaron silenciosos hacia la sala *De Profundis* donde estaba depositado el cadáver del fraile para rezar el oficio de difuntos. El rostro de fray Elías daba a conocer una tranquilidad profunda.

Al concluir el oficio y para no dejar solo el cadáver, era costumbre dejar dos novicios que le hicieran guardia. Esta vez le tocó la guardia a fray Jacinto y a fray Juan de la Cruz. Se les dio permiso para tomar chocolate, por la desvelada, y por la fiesta de Navidad; más como fray Juan era sumamente miedoso, prefirió ir a la cocina a hacer el desayuno antes que quedarse solo con el muerto. Este incidente despertó la imaginación de fray Jacinto que sin poderse contener, sacó al muerto de la caja sentándolo en una silla propia y él, fray Jacinto, se metió en la caja fingiéndose muerto. Ya los frailes se habían recogido en sus celdas de modo que en todo el convento reinaba el silencio más profundo.

Fray Juan volvía contento, jubiloso con el chocolate para fray Jacinto, después de haberse tomado el suyo. Se acerca y se lo ofrece; pero cuál fue su sorpresa cuando se percató de que se lo ofrecía al muerto. En ese mismo instante emprendió precipitada carrera hacia afuera. Fray Jacinto no queriendo dar a conocer su travesura sale de la caja y grita a fray Juan para que se detuviera, pero en eso... ¡el muerto que también se levantó!, cogió un candelero con un cirio ardiendo y corrió tras los dos vivos, que al darse cuenta de que eran perseguidos se aventaron por una ventana, el muerto logró alcanzar a fray Jacinto, apagándole la vela en el cuello. Al día siguiente, se encontraron al muerto sobre la ventana empuñando todavía el candelero y a fray Jacinto con la quemada en el cuello.

La plaza de toros de San Pedro (Zacatecas)

E l 18 de julio de 1894, la afición zacatecana estaba de fiesta, y con justa razón, ya que se anunciaba para esa tarde una monumental corrida de toros en la que torearían, alternativamente, Ponciano Díaz, el coloso de aquellos tiempos y José Bazauri, diestro cubano. Desde la mañana se notaba inusitado movimiento, por todas partes se hablaba de toros, de los pueblos más cercanos llegaban coches y diligencias llenas de aficionados a la fiesta brava. Entre las familias que llegaron venía Rosario Llamas, la más bella jerezana de aquellos tiempos. Huérfana y muy rica, era uno de los partidos más codiciados y sus tíos la cuidaban celosamente.

Llegó la ansiada tarde. Desde muy temprano los tendidos del sol y de sombra estaban repletos de concurrentes, solo los palcos se hallaban desocupados hasta la última hora.

Un sol radiante en un cielo sin nubes, verdadera tarde de toros; el público esperaba con desbordante entusiasmo el momento en que el señor juez de la plaza diera la señal para empezar la corrida.

La banda del Estado amenizaba la fiesta con alegres marchas y pasodobles y el público de sol daba la nota humorística.

Por fin sonó el clarín y apareció la cuadrilla, al frente Ponciano Díaz con terno negro oro, el capote recamado de oro y pedrería, a su lado José Bazauri con terno verde y oro. Detrás los banderilleros, picadores y mozos de estoques.

Dieron la vuelta al redondel entre los vivas de la multitud, en los palcos las damas saludaban con los pañuelos; ahí estaba Rosario, hermosa entre las hermosas, realzando su belleza con la blanca mantilla, en el pecho un ramo de claveles rojos como sus labios.

Al saludar Ponciano al palco de la presidencia vio a Rosario y se sintió atraído por la mágica belleza de la dama, que lo seguía aplaudiendo sin cesar; entonces llamando a Casimiro Medina, su mozo de estoques, le mandó el capote de paseo para adorno de su palco.

Los toros eran de la ganadería de Venader, famosos por su bravura y bella estampa, el que tocó a Ponciano era un soberbio ejemplar apodado Pilongo, con una cornamenta espantosa que hubiera hecho temblar a otro que no fuera el diestro mexicano. Recibió dos buenas varas, no sin haber hecho horrible carnicería con los caballos de los picadores; los banderilleros se vieron apurados para lograr dos pares cabales al cuarteo.

Ponciano hizo algunas suertes del toreo de aquel entonces y pidiendo permiso a la autoridad se dirigió al palco de Rosario y brindó: "Por la reina de esta tarde, la más hermosa entre las hermosas zacatecanas..." Olas de rubor en el rostro de Rosario, y de envidia en todas sus vecinas de palco.

Se dirigió al toro y después de unos pases naturales, otros redondos y otros a su manera, dirigió la espada sobre la cruz del lomo del animal que se arrancó sobre Ponciano, recibiendo el estoque hasta la empuñadura.

Dianas, aplausos apasionados de la multitud, lluvia de flores, puros, sombreros y del tendido de sol muchos pesos de plata.

Rosario, pálida de emoción, se quitó un anillo de brillantes, lo metió en el ramo de claveles que tenía y lo arrojo a los pies del matador.

Al terminar la corrida, fue Casimiro, el mozo de estoques, a recoger el capote de Ponciano y recibió de las manos temblorosas de Rosario un medallón con el retrato de ella para el torero y una bolsa de malla con dinero para él.

No volvieron a verse; los tíos, al ver el giro que tomaban las cosas, se alarmaron y se la llevaron esa misma tarde para Jerez; en vano les rogaron varios amigos que se quedaran a la fiesta que se daba en el casino en honor del matador; Rosario, con el espíritu ausente, se dejó llevar sin protesta alguna.

Nunca quiso casarse ni tener relaciones con alguno de sus muchos pretendientes, ni los consejos, regaños y amenazas de los tíos la obligaron a casarse y vivió siempre fiel al recuerdo de aquella gloriosa tarde de toros en que Ponciano Díaz, el rey de la tauromaquia del siglo XIX, rindió pleitesía a su soberana hermosura.

Ponciano tampoco se casó, sabía medir las distancias y pretender casarse con la bella y rica jerezana era como escalar el firmamento. Cuando murió, cinco años después de haber conocido a Rosario, encontraron en su pecho el medallón con el retrato de su amor imposible, como él la llamaba. Siendo la plaza de toros de San Pedro testigo de este amor.

La calle del duende
(Morelia, Michoacán)

En una casa de un callejón de la antigua Valladolid, vivía don Regino de la Cueva, un hombre tan bajito que su estatura no pasaba de metro y medio. Casi calvo, a pesar de que no llegaba a cincuenta años de edad. Nariz corvina, ojos pequeños y azules, a veces usaba anteojos verdes.

Usaba constantemente para toda ocasión y a todas horas del día una amplia capa española y un sombrero de copa alta y ala ancha, de aquellos tiempos. Prestaba dinero a rédito y cobraba con la mayor puntualidad. No se le conocía más oficio que estar parado a la puerta de su casa o andar paseándose de una esquina del callejón a la otra, mirando curioso quién entraba y quién salía de las casas vecinas.

Tenía como esposa a una simpática señora entrada en años, que por su estampa e indumentaria parecía muñeca de chaquira, y una linda hija como una estrella, de ojos grandes y azules, de boca pequeña y roja, con rizada y abundante cabellera.

A esta adorable niña le gustaba bordar para su padre y para adorno de su casa. Además cultivaba claveles, jazmines, rosales, y campánulas azules. Las macetas de claveles se alineaban a lo largo de la cornisa exterior de la casa; los jazmines y los rosales perfumaban el patio; y las campánulas azules, caían por una pared contigua a la fachada de la casa, alegrando al callejón.

Tenían colgados en los corredores en jaulas de carrizo, canarios, cenzontles y clarines que lanzaban al aire sus sonoros trinos y cantares. Ella misma cantaba al son de su guitarra, coplas enamoradas que alegraban más aquella secreta morada del usurero don Regino.

Su vida religiosa discretamente llevada consistía en acudir a la práctica piadosa que las monjas catarinas solemnizaban en su templo que estaba a dos pasos de la casa de la señorita doña Gracia de la Cueva.

Pero los jóvenes no cesaban de rondar su casa de día y de noche, a pesar del minucioso cuidado de su padre que iba y venía sin descansar a todas horas de un extremo a otro de la calle, ahuyentando a los admiradores de su hija.

Sin embargo, había un joven gallardo que de entre todos se distinguía por su elegancia, por su seriedad, por su aristocracia y más que todo, para don Regino, por sus propiedades. Hijo único de un poderoso hacendado, el joven don Antonio de la Riva, o Antoñito Riva como le llamaban cariñosamente los pobres paralíticos, ciegos, huérfanos, enfermos, ancianos que con larga mano favorecía.

Mas a pesar de su seriedad, seguía la costumbre de todos los enamorados: llevaba en las noches de luna serenata a los pies de Cueva, cuando don Regino cautelosamente había alejado de ella al enjambre de pretendientes, estudiantes en su mayoría, que tocaban guitarras y cantaban coplas elogiosas de la belleza de doña Gracia.

Don Antonio de la Riva, entre tanto, correspondido ya por la dama, preparaba cuidadosamente los espléndidos regalos para la boda.

Una mañana de primavera, perfumada por el aroma de los naranjos en flor, de las rosas y claveles, una pomposa procesión de señoras y señores marchaba en doble fila, cerrando la comitiva don Regino que llevaba del brazo a la joven doña Gracia engalanada con traje de novia, cuya cola sostenían lindas niñas rubias vestidas de pajecillos. El novio don Antonio de la Riva aguardaba acompañado de los sacerdotes. El órgano tocó una marcha triunfal, al llegar los novios a las puertas de la iglesia del convento de las monjas Catarinas. Al darse las manos los novios y recibir la bendición nupcial, un torrente de armonía atronó el ámbito del templo, acompañado de las melodiosas voces de las monjas que entonaban un *Te Deum* incomparable. El humo del incienso invadía el ambiente embriagando a los asistentes de dicha y de contento, menos a los otros pretendientes que por curiosidad penetraron en el templo para salir maldiciendo de rabia al avaro don Regino de la Cueva que los había alejado de su morada donde guardaba como oro en paño a doña Gracia de la Cueva.

Adoloridos se retiraron de aquella solemnidad denominando, como lo hacían antes, al chaparrito don Regino, El Duende, nombre que se le quedó a la calle.

La cueva del toro
(Morelia, Michoacán)

Hace mucho tiempo, cuando los españoles dominaban en México, en una loma de Morelia estaba la casa de la hacienda que llamaban Del Zapote, por un viejo árbol de esa especie que se encontraba allí corpulento y frondoso. Actualmente, solo existen unas ruinas casi imperceptibles que son los únicos restos de la casa. Con el paso del tiempo y el abandono, se fueron cubriendo de maleza los muros, sin dejar para recuerdo más que esos montones de bloques donde crecen robustas las nopaleras, las malvas y la yedra.

Sus habitantes son las culebras y las lagartijas que a determinadas horas salen a calentar su frío cuerpo y al menor ruido se esconden presurosas.

Entre esos escombros está la otra boca de la cueva que de fijo se abría en algún cuarto secreto de la casa, que servía para que se comunicaran los de adentro con los de afuera sin ser notados. Unos dicen que es tan antiguo ese hueco como lo era la casa de la hacienda; otros que fue hecho posteriormente por los monederos falsos que hacían pesos de cobre. Y otros aseguran lo siguiente:

Por la boca de la cueva que está ahí entraban y salían los monederos, sin que nadie los notara y fuera a denunciarlos. En las ruinas, en cuanto caía la noche, se veían luces mover de un cuarto al otro, por entre las grietas de los muros y las hendiduras de las ventanas; se escuchaban frecuentes golpes de martillo, como si los dieran en el centro de la tierra y mucho ruido de cadenas, que espantaban al más valiente.

Si los muchachos se atrevían a ver por el agujero de la llave del portón al interior de aquella casa en ruinas, veían procesiones de esqueletos cuyas calaveras hacían terribles muecas, llevando en las manos huesosas cirios negros encendidos, y que al llegar al ancho patio, luchaban unos con otros apagándose las velas en las oscuras cuencas de los ojos, y daban apagados alaridos o soltaban carcajadas al abrir la mandíbula.

La entrada de la oscura cueva estaba custodiada por un bravísimo toro que bramaba y acometía feroz cuando alguien se atrevía a separar las matas que obstruían el paso.

Supo el gobierno del rey que en aquellas apartadas ruinas se fabricaba moneda falsa, y en seguida se presentaron
los alguaciles y la gente de armas sorprendiendo a los monederos que no pudieron huir. Se defendieron desespera-
damente y uno a uno, todos fueron muriendo atravesados
por las balas de los fusiles, quedando sus cadáveres a merced de los buitres que por muchos días comieron carne de
monederos falsos.

Actualmente, cuando las sombras de la noche cubren
el campo y las estrellas brillan en el oscuro cielo; cuando el silencio ha cubierto los campos y los pájaros se han
dormido, se oyen de vez en cuando quejidos lastimeros,
sonidos de palos que chocan, mugidos lejanos que produ-
cen pavor. Hoy por hoy que ya han desaparecido las ruinas
no hay ya nada extraño y solo queda la cueva y el bramido
que se oye, del toro que no se ve.

El cordonazo de San Francisco (Morelia, Michoacán)

Antiguamente, en Morelia se encontraba el templo de la venerable Orden Tercera de san Francisco de Asís, joya histórica de arte. En su recinto, al pie de uno de los altares colaterales, estuvieron sepultados los restos mortales del señor cura don Mariano Matamoros, héroe de la independencia de México, lo que era suficiente para haberlo conservado intacto, como un homenaje y como un recuerdo amoroso.

Al lado estaba el cementerio, que era muy pintoresco y melancólico. Sobresalían las copas de los olivos, de los fresnos y de los cipreses, que entrelazando sus ramajes daban misteriosa sombra a los sepulcros y a las capillas.

En medio de la arboleda, sobre tres o cuatro gradas de mohosa cantería, se alzaba el pedestal cilíndrico que sostenía una cruz que tenía entre los brazos una fecha remota.

Por el poniente daba acceso al cementerio un portón de hierro forjado, mostrando en la parte de arriba el escudo de la orden. Al fondo estaba la fachada del templo grande.

Un coronel discurrió que el cementerio de san Francisco servía para mercado y que el templo de la Orden Tercera de San Francisco estorbaba, y sin más ni más, acabó con ello de la noche a la mañana. Al pasar el tiempo, el famoso mercado quedó en el olvido. Por todas partes crecía la hierba; las lianas trepaban las piedras de los muros y las cornisas.

Por la noche, la gente no quería atravesar por las ruinas, porque al dar los campanarios los toques de las ocho y aún antes, se oían lamentos, se veían sombras ambulantes como de frailes salidos de sus tumbas; se escuchaban voces frías como si se alzaran de los sepulcros. Se escuchaba el eco del búho en altas horas de la noche, intimidando el ánimo.

Por aquel entonces había un cantinero con una gran barriga, cachetón y calvo. Usaba constantemente anteojos oscuros y un gorro de terciopelo rojo bordado en oro con que cubría su calva. En su trastienda se reunía cada noche el coronel con tres o cuatro camaradas a charlar y echarse unas copas, sin faltar también los albures; de modo que a la una o dos de la mañana que se terminaba la reunión, salían tambaleándose con dirección a sus casas. El célebre coronel atravesaba siempre las ruinas para acortar el camino y llegar cuanto antes a su cama.

Una noche azotaban vientos de tormenta y caían relámpagos, truenos y gruesas gotas, casi chorros, que empapaban la tierra reseca. Las calles parecían ríos desbordados. El coronel y su amable compañía decidieron no salir de la trastienda, hasta que la tempestad terminara, a fin de no coger cuando menos un catarro.

Sonó el reloj de la catedral a las dos de la mañana. Los truenos se alejaban poco a poco y solo quedaba una llovizna acompañada de un frío y húmedo vientecillo. Había granizado. Los parranderos, arropándose lo mejor que pudieron con sus capas españolas, se lanzaron a la calle. El coronel siguió el acostumbrado camino de las ruinas que en esos momentos estaban intransitables, para otro que no fuese él. Iba cruzando el cementerio cuando le llamó la atención el rechinar de las puertas del templo de San Francisco, que se abría girando sobre sus goznes enmohecidos. Una insólita claridad irradiaba del interior del templo como si fuese presa de la llamas. Notas perdidas de un concierto y murmullos de rezos en conjuntos corales de voces gangosas y profundas, brotaban del santuario.

A fin apareció una procesión de hermanos Terceros con sus sayales azules ceñidos con cuerdas blancas. Marchaban de dos en dos con cirios prendidos en sus manos. Sus caras estaban demacradas y amarillas revelando antigüedad. Al final de la procesión aparecía un fraile rodeado de una luz albeante, caminando majestuosamente. Sus ojos brillaban como dos soles. De sus manos, de sus pies y de su costado brotaban rayos de luz.

Para entonces al coronel ya se le había bajado la embriaguez, y se había arrodillado como fuera de sí, estupefacto. Vio que los Terceros al acercase a adonde él estaba, le apagaron uno a uno las velas sobre la espalda; mas al llegar el fraile de semblante glorioso, se detuvo, tomó el cordón blanco y grueso con que iba ceñido y lo azotó con él, al tiempo que exclamaba: ¡Lo hago por tu bien! El coronel quiso llorar y las lágrimas se negaron a salir de sus ojos; quiso hablar y la voz se ahogó en su garganta; intentó pedir perdón pero antes que su mano golpease el pecho, cayó sin sentido entre los mojados escombros.

A la mañana siguiente, cuando el sol lanzó sus primeros rayos y los pájaros se escuchaban, el coronel despertó pero no volvió en sí, porque se había vuelto loco. Posteriormente caminaba por las calles de Morelia con su sombrero de ala ancha en la mano, y detenía a sus amigos para decirles:

—¿Me conoces? Yo soy el coronel... Mírame bien que yo soy aquel a quien san Francisco dio un cordonazo... Enseguida se marchaba sin despedirse.

Las dos comadres
(Guanajuato)

Dos viejas comadres pelearon en una de las primeras vecindades que hubo en esta ciudad por el amor de un caballero del barrio, que había hecho en ellas grandes estragos sentimentales.

Las comadres iban caminando y continuaban peleando, y como según las normas religiosas, las comadres no deben pelear, estas fueron castigadas y transformadas en dos piedras a un lado del cerro del Peñón de la Bufa.

Los viajeros aseguran que si se acercan a ese sitio, se escucha el murmullo de sus voces que se multiplica en eco en las montañas vecinas.

El imperio encantado de Ixtlahuacán (Colima)

Un día muy soleado, un joven fue a pastorear a sus chivas. A mediodía, se le ocurrió subir a una loma para vigilar desde la altura a sus animales. Desde ahí arriba se podía observar el pueblo de Ixtlahuacán, y el joven se puso a buscar su casa de entre todas las que se veían a la distancia.

En eso estaba cuando escuchó un ruido. Volteó a su derecha y se percató de que era una joven muy hermosa, con ojos azules y cabello rubio, tan bonita que daba la impresión de ser una reina. El joven quedó mudo del asombro y no lograba moverse. Entonces la joven con voz que se escuchaba como una mezcla del canto de una sirena y el silbido de una serpiente, le dijo que no tuviera miedo, que no le iba a hacer nada, y le pidió su ayuda.

El joven le preguntó que en qué podía ayudarla. La joven le contestó:

—De manera muy sencilla. Mira, yo soy la reina del imperio de Ixtlahuacán, pero mi imperio ha sido encantado. El encanto se rompe si me llevas sobre tus hombros hasta la puerta de la iglesia. Si haces eso, tú serás mi esposo y el rey del imperio.

El joven después de meditarlo un rato, finalmente aceptó.

—¡Qué bueno! —exclamó la muchacha —, pero antes debo advertirte una cosa: no debes voltear a verme en todo el camino, hasta llegar a la puerta de la iglesia. No prestes atención a nada de lo que te diga la gente.

El joven cargó a la muchacha en sus hombros y se dirigió al camino que llevaba al pueblo. Al llegar a las primeras casas, las personas que se cruzaban con él se le quedaban viendo con cara de susto y se alejaban rápidamente.

—¿A dónde vas con esa víbora enredada en el cuello? —le gritó un niño.

El joven pensó que se trataba de una broma y siguió su camino. Sin embargo, otras personas le dijeron lo mismo más adelante. El joven empezó a sentir miedo y curiosidad, sobre todo mucha curiosidad. Cuando le faltaban pocos metros para llegar a la iglesia no pudo resistir la tentación y volteó a ver. Vio una víbora gigantesca que sacaba la lengua amenazadoramente. Con un rápido movimiento, el joven la desprendió de su cuello y la arrojó lo más lejos que pudo. Al caer, el animal desapareció.

Por eso desde entonces el imperio de Ixtlahuacán sigue encantado.

El árbol de la bruja triste
(Guerrero)

En un cerro cerca de un rancho, que se llamaba El Centro, hace mucho tiempo se aparecían brujas convertidas en animales, quienes por las noches esperaban que alguien pasara por los caminos para chuparle la sangre. Por esa razón nadie salía después del atardecer.

Solo había un señor que no creía en eso; vivía en la orilla del rancho con su nieto de tres años que lo acompañaba a todas partes. Era frecuente que los dos se quedaran varios días en el cerro para cuidar el ganado. Allá se instalaban junto a un árbol y, al caer la oscuridad, dormían sin preocuparse por brujas ni aparecidos.

En una ocasión llegaron al monte cuando empezaba a caer la noche, y al poco rato el niño se quedó dormido, así que después de cobijarlo, el señor fue a buscar leña. Ya se había alejado bastante cuando oyó un fuerte grito de mujer que provenía del lugar donde estaba su nieto, por lo que rápidamente regresó corriendo por él.

En el árbol más cercano al niño había una lechuza de ojos muy brillantes y apariencia terrible. Al verla, el señor le lanzó una piedra para alejarla, pero en lugar de hacerlo, el animal se aproximó al pequeño. Entonces el hombre abrazó a su nieto y empezó a rezar viendo a la lechuza a los ojos. De pronto, esta se quedó quieta y se cayó del árbol.

El hombre continuó la oración y el animal se revolcó en el suelo hasta convertirse en una joven que vivía en el rancho.

—Por favor, no le cuente a nadie mi secreto —suplicó la bruja.

—Solo si me prometes no acercarte a nosotros —dijo el señor.

Aunque el hombre nunca reveló el nombre de la muchacha, sí le platicó a los vecinos que había visto a una bruja y que era una mujer que todos conocían.

Desde entonces, en ese árbol, se escuchan tristes lamentos de mujer; dicen que es la bruja que llora porque hay alguien que conoce su secreto.

El puente de Navacoyán
(Durango)

Hay hacia el oriente y a inmediaciones de la ciudad de Durango una hacienda llamada Navacoyán, nombre que proviene de la palabra "Nahuacóyan", de la lengua mexicana.

La raíz de esta palabra es "nahua", que quiere decir *aborigen de pueblo azteca*, y la terminación "coyan", significa *lugar*, deduciéndose de esto que la citada hacienda fue una ranchería de indios aztecas. Está ubicada a la izquierda del Río del Tunal o de Durango, a la falda oriental de una pequeña colina en la que se encuentran algunas pequeñas cavernas, indicios evidentes de que antes había sido aquel un centro de población troglodita.

Cuando ya la dominación española se consolidó relativamente en esta comarca, uno de los gobernadores que tuvo Nueva Vizcaya comprendió la necesidad de conservar la comunicación entre los poblados agrícolas de uno y otro lado del río cuya corriente, dificultaba el paso con frecuencia y especialmente en la época de lluvias.

Se dedicó pues a mandar construir un puente en Nahuacoyan. Buscó albañiles y se inició la obra, pero los primeros albañiles que la emprendieron no pudieron construirla y una fuerte corriente arrasó con los materiales.

Entonces el gobernador solicitó a un albañil, que era considerado como muy competente, e hizo con él un contrato mediante el cual debería entregar la obra concluida en un día determinado, con la consigna de que, si pasaba de aquella fecha, perdería la mitad del valor de la mano de obra.

El albañil reunió a los mejores trabajadores que conocía y procedió con toda actividad a la obra; pero tres días antes de expirar el plazo vino una corriente tremenda que arrastró el puente ya casi concluido. El contratista, desesperado, se alejó por la noche del poblado y se sentó en la cima de la colina en un estado de nerviosidad terrible; había perdido el trabajo ejecutado, no se le pagaría un centavo más y su prestigio como el mejor albañil de la región se borraría.

Abstraído en esos pensamientos permaneció allí, y ya muy entrada la noche sintió que un débil viento le bañaba el rostro y casi le arrebataba el sombrero, aquel viento se hacía poco a poco más fuerte, y se arremolinó cerca de él agitando en círculo pasto y hojas secas, y en el centro del remolino apareció por fin un hombrecillo de unos treinta centímetros de altura que se paró frente a él con gallardía y mirándole fijamente, le preguntó qué tenía.

El albañil le contestó que no tenía caso contarle su pena, ya que no la podría remediar. El hombrecito le dijo: "pruébalo... En este mundo no hay nada pequeño; la más insignificante pequeñez tiene su grandeza".

Entonces el albañil le contó lo que le pasaba y el hombrecillo le propuso un trato. Él le construiría el puente en una sola noche a cambio de su alma. El albañil no se decidió luego, pues todo le indicaba que aquel espontáneo no era sino el mismísimo demonio; pero como estaba tan preocupado y le halagaba la idea de entregar el puente terminado al gobernador el día que se había fijado, quedó de resolver al hombrecillo la noche siguiente a la misma hora y en el mismo lugar.

El hombrecillo desapareció entre un nuevo remolino y el albañil bajó de la colina con dirección al lugar donde había construido el malogrado puente; ahí lo sorprendió el nuevo día paseando de aquí para allá como un enajenado.

La noche siguiente el albañil, fuera de sí, en un estado de nerviosidad terrible, se dirigió a la cumbre del pequeño cerro. A la misma hora de la noche anterior se le presentó el enanito. Dispuesto a todo él le ofreció su alma si en efecto le construía el puente, cosa que, por otro lado, el albañil dudaba intensamente.

Cerrado el trato, el diablo arrastró al albañil hacia el río dejándolo sentado a la orilla. Entonces, de manera inesperada se desató una terrible tormenta, y en medio de la compacta oscuridad una catástrofe se produjo por algunas horas en el río. Amanecía ya cuando la lluvia se disipó por completo, y al amanecer con gran asombro de toda la gente de los alrededores, el puente estaba terminado, y sobre este, el cuerpo sin vida del albañil.

Se procedió a levantar el cadáver para conducirlo a casa de los familiares que se encontraban en la hacienda; pero apenas habían dado unos cuantos pasos con dicho cadáver a cuestas, cuando un furioso remolino se los arrebató elevándolo con extraordinaria rapidez y dejando atónitos a quienes lo conducían.

Inmediatamente, se reunieron todos los trabajadores para dispersarse por el monte en busca del cadáver del infortunado albañil; pero fueron vanas sus búsquedas, porque jamás lograron encontrarlo.

La china Hilaria
(Aguascalientes)

La china Hilaria, era una mujer que vivía en el Barrio de Triana, actualmente del Encino, por los años de 1860 y por ser coqueta y entrona, se corrieron varias interpretaciones sobre su persona. En el Barrio de Triana existió una pulquería muy famosa, que duró muchos años. Se llamaba Pulquería de las Chinas. Era atendida por tres hermanas, Andrea, Micaela e Hilaria las que además de hermosas, eran mujeres que no se dejaban de nadie y hasta el mismo bandido Juan Chávez, al que hicieron coronel los conservadores, las respetaba.

La pulquería ubicada en el corazón del barrio era muy frecuentada, siendo los clientes más asiduos los veteranos de las guerras de Reforma e Intervención, que en muy amigable camaradería y sin rencores, rememoraban hechos y contaban sabrosísimas anécdotas.

La Pulquería de las Chinas era frecuentada, como muchas otras, por el famoso bandido Juan Chávez, el terror de

Aguascalientes, así como por sus ayudantes, los capitanes: Bueyes Pintos, El Chato Góngora y Pantaleón el Cuate, quienes varios escándalos hicieron en esa pulquería, solapados por las tres hermanas, que según las malas lenguas, también fueron sus mujeres. Ellas estaban perfectamente identificadas con sus hombres, cuando ellos andaban en sus viajes, ellas no desperdiciaban ocasión para desvalijar a los transeúntes. Para llevar a cabo con seguro éxito sus atracos, las chinas se vestían de hombre y después de haber amarrado a sus víctimas, para mejor robarlas, se cambiaban de indumentaria, vistiendo sus elegantes trajes femeninos. Estaban acostumbradas a las más duras tareas, a las labores propias de los hombres, pero al vestirse de mujeres, eran verdaderas y afectuosas damas.

En la mañana del sábado de gloria, después de que las chinas acompañadas de sus guitarras cantaban las mañanitas, como era costumbre, reunían a un grupo de amigos a la pulquería. Al calor de los pulques, las historias eran cada vez más interesantes. Los presentes contaban sus aventuras y hazañas.

En un rincón se encontraba Blas, el que bebiendo, observaba a los relatores. Era un hombre de no malos bigotes, que tenía dos personalidades bien definidas. En su juicio era muy serio y de pocas palabras. Pero, con copas encima, era agradable, gran cuentero, quien tenía mucha sal para aderezar sus historias, así como sus chistes, los cuales apuntaba en una libreta que llamaba "chistera"; podía estar horas y horas deleitando a la concurrencia con sus simpáticos chistes.

Después de pedir permiso a Hilaria, la que fuera mujer de Pantaleón el Cuate, para relatar la historia, dijo: "Como todos ustedes saben, mi amigo Pantaleón fue uno de los ayudantes del coronel Juan Chávez y por lo mismo estaba acostumbrado a excederse de lo lindo y gastar hasta yeguas, para darle gusto a su preciosa, la china Hilaria, que portaba las más finas ropas, y era la envidia de todas las mujeres, más por el donaire con que las llevaba y su hermosura".

Y continuó hablando Blas: cuando mataron al coronel Juan Chávez el 15 de febrero de 1869, Pantaleón comprendió que ya no podía darse la vida a la que estaba acostumbrado; y solo el pensar que tendría que trabajar, lo ponía muy triste y además se le hacía muy difícil pensar que su buena moza, ora la China, ya no podría portar sus buenos rebozos de bolita ni sus franelas de castor; y más que todo esto, le atormentaba la idea de que ya no podría fanfarronear en fiestas y cantinas como en sus buenos tiempos. Al pensar en trabajar, a Pantaleón se le enchinaba el cuerpo, pero ya era imposible seguir su vida de aventurero y asaltador de caminos, pues ya su jefe se había muerto.

"Como todos sus ayudantes y su propia viuda, sabían que Juan Chávez había ocultado su tesoro en una cueva del Cerro de los Gallos, el Cuate Pantaleón que conocía este lugar decidió buscar la fortuna que había acumulado Juan Chávez, durante sus asaltos, ya que a él también le pertenecía por haber sido uno de sus camaradas.

"Pantaleón salió de madrugada rumbo al Cerro de los Gallos, volteaba para todos lados para estar seguro que nadie lo seguía y así casi corriendo llegó a la falda del cerro. Mirando al suelo recorrió todas las cuevas, los vericuetos del lugar y hasta movía los árboles para ver si encontraba el tesoro de Juan Chávez, pero nada. Cansado, casi al anochecer se sentó en una piedra para descansar y sin saber cómo, se quedó dormido. Estando en el más profundo sueño, escuchó una voz que salía de las cuevas, era tan de ultratumba que se despertó.

"Aquella voz claramente le decía que el famoso tesoro de Juan Chávez no existía, que era inútil que lo buscara, pero que él podía hacerlo inmensamente rico para poder seguir su vida de desorden y derroche. A cambio, solo le pedía que le diera trabajo todos los días por aburrirse mucho, y que el día que no pudiera hacerlo, tenía que entregarle su alma.

"En aquel momento Pantaleón comprendió que el que le ofrecía el trato, no era más que el demonio. Se quedó pensando unos minutos, sabía que de no aceptar, se moriría de hambre por no saber trabajar y, sobre todo, perdería a la china Hilaria. Y por eso, aceptó el pacto con el diablo. En un charco de agua Pantaleón se mojó la cara así como el cabello y brincando bajo del cerro se encontró que los bolsillos los tenía repletos de oro lo que le dio una gran satisfacción. Llegó a su casa y le dijo a su mujer que era muy rico, que había encontrado el tesoro de Juan Chávez, el que tanto habían buscado, que su porvenir estaba asegurado.

"Hilaria no estaba muy convencida, pero como era ambiciosa, se sintió feliz. Habló con sus hermanas de cerrar la pulquería y dedicarse a pasear, lo que no aceptaron por ser para ellas la pulquería una diversión. Estando Pantaleón desayunando, le dijo la sirvienta que lo buscaba un señor, al recibirlo, se dio cuenta que iba Satanás por el trabajo que le había ofrecido. Pantaleón, sin inmutarse, le dijo que quería que le comprara una hacienda cerca de la cantera, en donde toda la vida había tenido la ilusión de tener una propiedad. Por la tarde, se presentó aquel hombre con los documentos para que Pantaleón firmara el recibo que lo acreditaba como dueño de esa propiedad.

"Y así todos los días por la mañana se presentaba aquel agente de negocios para recibir las instrucciones de Pantaleón el que ya no sabía qué hacer.

"Le pidió que hiciera un acotamiento en toda su propiedad lo que pensó llevaría mucho tiempo, pero al día siguiente, estaba terminado. Le pidió que sembrara flores. Después, sembrar varias huertas de guayaba o durazno. Más tarde le pidió construir grandes presas, que hiciera canales de irrigación. Y así inventaba cada día cosas lógicas y hasta absurdas pero todo le concedía; en el acto el menor de sus deseos era cumplido por el demonio que deseaba llevarse su alma.

"Pantaleón se veía triste, aquel hombre simpático y dicharachero se había convertido en abatido, callado, su cara empezó a palidecer y hasta el pelo se le caía a manojos; nada le causaba encanto ni atractivo y hasta se le quitó el hambre. A la china Hilaria, que lo conocía tanto, le preocupó el triste estado de su marido, al que veía acabado. Una noche vio inquieto a Pantaleón, y aquel hombre tan valiente, acabó llorando como un niño. Zarandeándolo, lo obligó a que le dijera qué era lo que pasaba y él le dijo que lo del tesoro de Juan Chávez era mentira, le contó el pacto que había hecho con el diablo, lo que lo tenía temblando de miedo.

"La china lo escuchó con todo detenimiento y cuando terminó ella soltó una sonora carcajada que se escuchó hasta la esquina de su casa. '¿Por qué no me platicaste antes el trato que hiciste con el demonio? Duérmete', le dijo, 'desde mañana yo me encargaré de darle trabajo a ese indecente. Trabajará toda su vida o nos dejará en paz para siempre'. Pensando Pantaleón que su mujer se había vuelto loca, no pegó los ojos en toda la noche furioso de ver a Hilaria dormida como un tronco.

"A la mañana siguiente llegó el demonio a la casa de Pantaleón. La china lo recibió diciendo que su marido estaba enfermo y que ella se encargaría del trabajo, que la esperara un momento. Entró Hilaria a su pieza, sacó del buró unas tijeras y se cortó un largo chino de su cabello, y con él en su mano le dijo al diablo: 'Dice mi marido que mientras él se alivia y le puede ordenar lo que desea, ce-pille este cabello, hasta que quede completamente lacio'. El diablo tomó el cabello pensando que Pantaleón había perdido el juicio. 'Dígale que dentro de un rato estaré de regreso'. Riéndose se fue el diablo y riéndose se quedó Hilaria.

"En la esquina Satanás comenzó a tratar de convertir en un alambre el ensortijado pelo, pero fue inútil; duró varias horas y no pudo. Regresó a la casa para decirle a la señora que regresaría al día siguiente, con el pelo alaciado. Pasaron varios días y el hombre aquel no re-gresaba. Pantaleón se sentía más tranquilo pero al pen-sar que el día menos pensado se presentaría nuevamente a pedir trabajo, le entraba un gran desasosiego que lo hacía temblar.

"Después de varios años, un día se encontraban Pantaleón y la china en la hacienda, sentados con los pies dentro del arroyo, cuando vieron al diablo sentado en una piedra tratando de estirar el pelo. De pronto, les gritó: '¡Ya mero termino!'. Y la china mostrándole su enorme cabellera contestó: 'Dese prisa, que todavía le faltan muchos mechones que alaciar'.

"Al ver Satanás la espesa y larga cabellera de Hilaria, aventó el chino que le había dado la esposa de Pantaleón, gritándoles: '¡Me doy por vencido, aquí se acabó nuestro trato!'. Pantaleón y la China se abrazaron bailando de gusto, eran ricos y se habían quitado al diablo de encima. Pero como no estaban acostumbrados a trabajar, poco a poco se quedaron en la pobreza. Pantaleón se murió y la china continuó con su pulquería".

A partir de entonces, la gente al conocer la historia y saber la audacia de la mujer, cuando alguien se pasa de listo le dicen: "hijo de la china Hilaria".

El tesoro y la muerte
(Jalisco)

Cierta vez, Teófilo, Faustino y Pantaleón iban a caballo rumbo a un pueblo de Jalisco. Tenían que cruzar la sierra para llegar y estaban muy aburridos porque a nadie se le ocurría algo que hiciera más ameno el camino. En eso, vieron a lo lejos a un viejito que caminaba frente a ellos.

Acordaron alcanzarlo, para platicar con él y que no se les hiciera tan largo el viaje. Les faltaban unos cuantos metros para alcanzar al anciano, cuando vieron que volteó hacia un lado del camino y exclamó:

—¡Ay, Señor, allí está la muerte!

Intrigados, los hombres se acercaron a ver qué había visto el viejito y se quedaron con la boca abierta al darse cuenta de que al lado del camino había un gran tesoro. Se preguntaron por qué el viejito había dicho que era la muerte si lo que veían era oro que brillaba.

Pero así como resplandecía el oro, también brillaba la codicia en la mente de los tres hombres y cada uno pensó quedarse con todo el tesoro. Por ello, Teófilo sugirió:

—Oye, Faustino, ¿por qué no regresas al pueblo y traes unos costales para que carguemos el dinero?

—También tráenos algo para cenar —pidió Pantaleón. Faustino aceptó el encargo, porque tuvo una idea para deshacerse de los otros.

—Voy a prepararles una cena muy especial —pensaba en el camino.

Mientras tanto, Teófilo y Pantaleón se ponían de acuerdo para acabar con Faustino:

—Cuando regrese le haremos creer que estamos enojados con él y lo mataremos —propuso Pantaleón.

Faustino llegó a su casa e hizo la cena, luego le vació un frasco entero de veneno y se fue de regreso con sus compañeros. Iba feliz pensando que disfrutaría el dinero él solo, pero al poco rato se le acabó el gusto. Apenas se acercó al lugar donde estaban los otros, ellos sacaron sus pistolas y lo mataron.

Después, ya con toda calma, Teófilo le dijo a Pantaleón:

—Ahora sí, vamos a cenar, luego nos llevamos el tesoro y regresamos ricos a la casa.

Claro que cada uno pensaba eliminar al otro en el camino, pero no tuvieron tiempo. En cuanto acabaron de cenar, murieron envenenados.

Finalmente, el viejito tenía razón...

El curro de la medianoche
(Durango)

En Santiago Papasquiaro, por las calles de Hidalgo y Madero —que son las principales de este lugar—, las personas, especialmente las jovencitas, acostumbran pasear luciendo sus vestidos de última moda y, en consecuencia, los caballeros las recorren buscando con piropos conseguir alguna relación amistosa o de enamoramiento. Además no falta alguno que otro viejo coscolino, que aprovechando los anocheceres lanzan también piropos a las damas, que en esta ciudad son toda una tradición de encanto por su belleza y perfecta figura.

Cuando alguna persona camina por la calle de Madero después de las once de la noche, se encuentra o ha sido perseguido por un fantasma elegantemente vestido, que no permite que le vean la cara; en cuanto algún valiente trata de conocerlo, rápidamente voltea en sentido contrario y jamás han logrado identificarlo como algún viviente juguetón que trate de asustar a quienes lo ven, pero se convencen de que es fenómeno sobrenatural, porque entre miedo y valor algunos que lo han visto se santiguan y le preguntan: ¿eres de este mundo o del otro? Inmediatamente este excepcional personaje desaparece dejando un olor a incienso quemado, situación que hace a los humanos erizárseles el pelo y la piel quedando inmóviles sin poder pronunciar palabra.

Cuando alguna persona que deambula por la noche lo ve venir y no sabe de este aparecido, sigue su camino sin pena ni gloria, únicamente pensando quién será aquel que viene tan elegantemente vestido, pero al intentar verle la cara se queda atónito cuando se da cuenta de que no tiene rostro definido. Pero el encuentro se vuelve más tenebroso cuando el apuesto caballero, al pasar frente a frente, hace una ceremoniosa reverencia a los vivientes, echa sus manos hacia atrás apoyándolas en la cadera, también hace lo mismo con el pie derecho y toca el suelo con la punta de su brillante zapato, se inclina con la cortesía de todo un caballero y a continuación se retira rápidamente agilizando el paso, como si tratara de evitar que lo sigan observando los despavoridos cristianos.

Los abuelos dicen que hace unos cien años en esta ciudad, las clases sociales estaban bien marcadas, que los ricos vestían tanto o más elegantes que el curro de la media noche y que este aparecido no es otra cosa que el ánima de la alta sociedad que viene, de vez en cuando, a demostrar cómo era Santiago Papasquiaro en aquellos tiempos.

Toda persona que visita Santiago Papasquiaro, se pregunta el porqué, de las once de la noche a las cinco de la mañana, existe una apacible calma por estas calles, y es porque algunas personas ocasionalmente han sido víctimas del pánico al ser abordadas por el famoso y juguetón Curro de la medianoche.

La cueva de la Chepa
(Tuxtla Gutiérrez, Chiapas)

En Tuxtla vivía una guapa muchacha del barrio de Colón, su nombre era Josefa y en su barrio le decían la Chepa. Como era muy común en esos tiempos, los jóvenes buscaban los lugares más apartados del centro de la pequeña ciudad para divertirse; Panchito, un hijo de familia adinerada a quien le llamaban el niño Paco, en una de tantas andanzas estuvo en un baile, en donde conoció a la Chepa.

A su vez, la joven se enamoró del apuesto joven, a pesar de que los padres de Paco, no iban a estar de acuerdo, porque ella no era de su categoría.

Días después del hallazgo de la codiciada presa, Paco no cesaba de frecuentar aquel rumbo del puente de Colón, que por esa época aún no había sido construido; las primeras veces aprovechaba cuando Chepa iba al río Sabinal por agua. En muchas ocasiones le cargó el cántaro hasta cerca de su casa porque los padres de la chica ignoraban el amorío.

Los padres de Paco ni enterados estaban, pues cuando se veían por las tardes, engañaba a sus padres diciendo que iba al colegio.

Llegó a tanto su amor que no se resistieron y ella muy decidida le dijo a Paco que se iba con él a donde la llevara. Pero Paco que era un niño mimado y un poco temeroso, no se atrevía a tomar aquella arriesgada decisión, que solo la podía tomar un buen varón que fácilmente pudiera independizarse de sus padres. Paco decía: "si me la llevo a la casa, quién sabe lo que digan los amigos de mi familia", pues aunque ella no parecía de familia indígena porque era muy güera, no dejaba de ser una "pata rajada". La Chepa insistía:

—Llévame Paco, llévame a donde quieras.

Paco debía dejar de ser hombre para no aceptar la propuesta que lo comprometía, fue así como aceptó llevarla a donde nadie los viera.

La Chepa le dijo que cerca de ahí estaba una cueva, y como no tenía a donde llevarla, que ahí podían hacer su hogar y nadie sabría en donde estaban. Paco muy resuelto, le dijo que lo esperara, que al día siguiente por la tarde se iría con ella, que iría por su ropa y por algunas cosas para poder pasar las noches.

Y así fue, muy formal, al atardecer de un sábado regresó con un pequeño bulto, Chepa que estaba esperando con ansia la deseada huida de la casa, en cuanto vio a su compañero lo siguió.

Pronto desaparecieron por los manantiales que van hacia Yunquiz hallando al fin la cueva, donde dieron rienda suelta a sus deseos.

Los padres de ambos, al ver que no llegaban a su casa e ignorando sus amores, los buscaban muy angustiados, pensando que algo malo podía haberles pasado. Por informes de algunos que los vieron por el río, dijeron a los padres lo que habían observado y no faltó alguien que los vio escapar muy cautelosos. Fue así como se conocieron ambas familias y se dedicaron a buscarlos.

Cuando se dirigían por el rumbo cerca de donde estaba la cueva, vieron a lo lejos que Paco iba solo. Sin seguirlo, esperaron a que regresara a su casa y cuando llegó no dijo nada de lo que había hecho. Sus padres no insistieron en saber lo ocurrido; mientras tanto, Chepa se quedó oculta en la cueva esperando, sin que llegara Paco a verla. Ella tenía la esperanza del regreso del desleal, y esperó varios días, manteniéndose con los frutos que a escondidas hallaba en el campo. Sus padres nunca la hallaron, pues cuando llegaron a la cueva ella no estaba ahí.

Por fin, debilitada por el hambre, agotada y más que todo decepcionada por el pago del ingrato, murió.

Años después encontraron el cuerpo ya en descomposición. Fue el escándalo del pueblo, de que a la Chepa la habían encontrado por fin, en la cueva del rumbo de la piedrona, desde entonces llaman así a la cueva, "La Cueva de la Chepa".

El Sombrerón
(Tuxtla Gutiérrez, Chiapas)

En uno de los barrios de Tuxtla a principios del siglo, los vecinos de doña Moni, se dieron cuenta de que tenía mucho dinero, ya que sus fiestas eran muy espléndidas. Echaba la casa por la ventana ofreciendo a sus invitados suculenta y abundante comida.

Cierta ocasión, doña Moni se dirigía a su terreno por el rumbo de Copoya para recoger nanchis y malucos cuando de repente se le presentó un hombre muy galante, como para ella, pues cabe decir que ella era güera, alta, y guapa.

El galán aparecido saltó al encuentro de la tal Moni, diciéndole que estaba muy bella; le habló por su nombre sin conocerla, por lo que esta se quedó asustada pensando: ¿cómo es que sabe mi nombre este cristiano? El galán se le acercó tratando de tomarle las manos y hasta de abrazarla de la cintura, le decía que se fuera con él, que en la cueva donde vivía tenía muchos cofres con tesoros, que ahí podía tomar alhajas, monedas de oro y todo cuanto quisiera.

Cuando dijo que vivía en la cueva se sorprendió y recordó que le habían hablado del "Sombrerón". Al pensar en eso se le enchinó el cuerpo y trató de escapar lo más pronto posible, pero ella sentía que se le doblaban las piernas y que no podía correr. Invocó al Señor de las Ampollas del Trapichito haciendo al aire unas cruces y, al momento, desapareció aquel extraño varón. Rápidamente, se regresó a su casa, pero siempre con la tentación del ofrecimiento que le había hecho el galán, se decía entre sí:

—Voy a regresar otro día, a lo mejor esta es mi suerte.

Y así lo hizo, a los ocho días fue a su terreno y casi por el mismo lugar en que anteriormente se había encontrado al Sombrerón, este volvió a aparecérsele. En cuanto divisó a la Moni, pronto se encaminó a su encuentro y la tomó de las manos; como por encanto puso en ella una gruesa cadena de oro con su respectiva cruz, unos aretes de canasta y doce anillos de planchita. La Moni abrió tremendos ojos, preguntándole: ¿qué más me vas a dar?, al instante puso a sus pies mucho dinero, macacos, pesos de balancita, más alhajas, unos buenos rollos de brocado y hasta ropa.

Pero eso no paró ahí, pronto le dijo que si quería ser siempre joven, guapa y sana, que fuera con él a darse un buen baño en el arroyo de la cueva de Cerro Hueco. Como por encanto al momento se vio en el claro arroyo, sintiendo que su cuerpo estaba más liviano y terso. Lo malo fue que, al mismo tiempo que se entregaba al personaje fantástico, iba sintiendo más fuerte olor a azufre, por lo que pronto trató de huir, pero eso sí, sin soltar lo que había recibido. Al hacer lo mismo que la vez anterior y rezando algo entre sí, desapareció el personaje.

Cuando regresó a su casa contó que se había encontrado con un hombre muy guapo, rico y bien vestido, sin contar lo que le había dado, ni lo de los tesoros. Después de hacerles a los vecinos una descripción perfecta, todos al unísono le dijeron: ¡Tonta! ¡Es el Sombrerón el que se te apareció!

Cuando se dieron cuenta de que la Moni contaba con alhajas, que era muy espléndida, empezaron a divulgar que estaba vendida con el diablo, que cuando se muriera su alma iba a estar penando si no repartía entre los pobres su riqueza. Como todo eso llegó a sus oídos, pronto fue a confesarse recibiendo de penitencia: cien rosarios diarios, que repartiera sus tesoros con los pobres y que diera más barata la carne que vendía en el mercado.

Trató de hacer todas las penitencias, pero las hizo a medias, por lo que, cuando murió su alma estuvo penando, oyéndose quejidos y lamentos junto al templo del barrio. Como vendió la casa a uno de sus descendientes, fue quien encontró todos aquellos tesoros enterrados.

El señor del perdón
(Guerrero)

A principios del siglo XIX, a la casa del párroco de esa época llegó una mula que traía en su lomo una enorme caja; el sacerdote abrió aquella gran caja, en donde venía un hermoso Cristo de tamaño natural tallado en madera y adjunto estaba un manuscrito que decía:

"Habiendo caído prisionero en manos de mis perseguidores, castigaban mis delitos con la pena de muerte; y como en mi caso no cabía la apelación, estaba irremediablemente condenado a la horca; resignado a morir quise dejar un recuerdo escultural que perpetuara mi memoria y para efectuarlo pedí unos trozos de madera propia para tallar, los que me fueron proporcionados por mis custodios. Diez años hace que fui condenado a prisión; los dediqué por entero a labrar esta escultura, la que puse en la puerta de mi celda el último día de mi reclusión. Al verla, el jefe del pelotón encargado de llevarme al patíbulo quedó sorprendido de la perfección anatómica de que estaba esculpido el Cristo. Este trabajo me valió que me perdonaran la vida".

Así fue como ese Cristo tallado en madera adquirió el nombre de Señor del Perdón.

El aparecido de Chambergo
(Aguascalientes)

En septiembre del año de 1860, don Margarito salió de su casa, pasó por su hermano Néstor y en el camino se les juntaron don Lucas Infante con su familia y otras personas, los que iban a toda prisa porque la campana del templo de Guadalupe, en el barrio de san Marcos, estaba dando la última llamada. La esposa de don Néstor estaba muy preocupada porque su hijita seguía muy grave ya que según el médico, solo un milagro podría salvarla.

Iba a la iglesia con gran fe para pedirle a Dios por su pequeña Lupita, para que no se la llevara, porque era la alegría de su vida. La caravana seguía caminando de prisa, todos iban alegres disfrutando del fresco de la mañana. Solo la esposa de don Néstor llevaba su pensamiento fijo en la niña que había dejado enfermita en su casa.

De pronto, al dar vuelta en una esquina, a unos cuantos pasos de la huerta que era de los señores Leos, se apareció un individuo muy alto, con un traje negro y con un chambergo de gran ala. Al irse acercando al grupo, todos experimentaron un escalofrío tal, que comenzaron a temblar.

Aquella figura desapareció segundos más tarde. En silencio llegaron al templo. Nadie se atrevía a hablar de lo que habían visto. Una vez que terminó la misa, se despidieron del sacerdote y con excusas de no poder desayunar en la casa de don Margarito López, cada familia se fue a su casa. Al día siguiente, se volvieron a reunir todos los amigos con su familia y juntos atravesaron la plaza de San Marcos para tomar la vereda, y en el mismo lugar, volvió a salir aquella extraña figura, que dejó sin respiración a los paseantes que tranquilos se dirigían hacia la iglesia. Volvió a desaparecer.

Y este encuentro se hizo cotidiano por un mes. Algunas personas ya no querían asistir a la misa del alba, pero las familias de don Margarito y don Néstor continuaron con su costumbre de años, y a los pocos días todos reanudaron los encuentros mañaneros. Ya se atrevían a comentar del extraño aparecido que como exhalación pasaba junto al grupo, sin decir una sola palabra.

Un día cuando el grupo presidido por don Margarito iba rezando el rosario a la Virgen de Guadalupe, de pronto el aparecido no solo pasó cerca de ellos, sino que se paró y con una voz de ultratumba y dirigiéndose a don Néstor le dijo que lo llevara con su hija, la que estaba enferma en casa.

Al escucharse aquella voz, lanzaron gritos, corrieron en distintas direcciones y sin saber cómo llegaron al Templo de Guadalupe, oyeron la misa con gran devoción y al terminar fueron con el sacerdote a platicarle lo sucedido y pedirle un consejo. Él les aconsejó que accedieran a la petición de aquel hombre, que a veces había cosas inexplicables y a lo mejor podría ayudar a la niña de Don Néstor que se estaba muriendo.

Haciendo alarde de machismo, los amigos de los señores López les ofrecieron acompañarlos al día siguiente. No así las señoras y los niños que se habían enfermado del susto. Y por ningún motivo querían volver a pasar por las huertas del señor Leos.

Al llegar al lugar señalado, se les volvió a aparecer el fantasma, al preguntarle a Don Margarito, si era de esta vida o de la otra, el hombre retrocedió dos pasos hacia atrás y dijo que su deseo era curar a la niña. Sin decir una palabra más desapareció. Después que regresó Don Néstor a su casa supo que aquel individuo se encontraba en la habitación de su hija. Decía un rezo muy largo, puso una mano en la cara de la pequeña, la que quedó estampada para siempre en ella. Poco a poca la hija de Don Néstor abrió los ojos, se sentó en la cama y pidió de comer.

A los cuantos días Lupita estaba jugando en el Jardín de San Marcos, con sus amiguitas como si nada le hubiera pasado; solo en su carita tenía una marca como de dedos pintados. Desde aquel día el hombre del monstruoso chambergo desapareció para siempre, pero la familia de los López, siguió con sus costumbres de asistir diariamente a sus oficios religiosos, solo que cambiaron de vereda, no volvieron a pasar más por la calle de Rivera.

Los duendes abandonados
(Sonora)

En un ejido del valle de Sonora, muy cerca de Huata-bampo, vivía una señora en una casa de carrizo. To-dos los campesinos decían que era una bruja, ya que esta siempre vestía de negro y cuando salía iba acompañada de dos perros enormes y de unos pequeños duendes que jugaban con la falda de la mujer.

Los campesinos no la querían, porque decían que ella tenía la culpa de que algunos no levantaran la cosecha. Por eso, cada que la veían, la ofendían y corrían a esconderse, para que no les fuera a echar alguna maldición y les pasara alguna desgracia.

Un día, la gente decidió acabar con la bruja. Así que quince campesinos se organizaron y armados de valor y sin hacer ruido, fueron a la casa de la mujer durante la noche. Llevaban antorchas encendidas, mismas que usa-ron para prenderle fuego a la choza. Los campesinos comenzaron a escuchar gritos escalofriantes, entre llamas y humo vieron salir huyendo a los duendes.

Los hombres gritaban que agarraran a los duendes, que no los dejaran escapar. Algunos hombres los trataron de seguir, pero los duendes se perdieron en el monte y nadie los pudo atrapar.

Desde esa noche la gente se sintió tranquila, pero al poco tiempo los duendes salieron del monte y regresaron a la choza de la bruja. Como solo encontraron cenizas, lloraron tan fuerte y por tantos días, que ninguna persona pudo dormir en mucho tiempo.

En venganza por la muerte de su querida bruja, los duendes se dedicaron a destruir los sembradíos de todo el ejido.

Los campesinos por más que les ponían trampas y los correteaban, jamás lograron atraparlos.

Los duendes ya no se meten con las siembras, pero actualmente cuando se pasa por la casa donde vivía la bruja con ellos, aún se puede oír cómo lloran por su abandono.

El primer oficio de difuntos
(Michoacán)

Fray Vicente era un novicio, no muy agraciado físicamente, pero con una gran alma, inteligente, caritativo, obediente, prudente y un sinfín de virtudes tanto intelectuales como morales.

Antes de ser religioso fue abogado y tuvo intención de casarse con doña Nieves de Arriaga, condesa de Casas Blancas, hija única del señor don Juan José Arriaga, primer conde de Casas Blancas que obtuvo el título de Carlos III, por haber enviado una cuantiosa donación para las víctimas de un fuerte incendio en un pueblo de Castilla la Nueva de donde era él originario. Por la llegada del título en la ciudad de Pátzcuaro, se suspendió la boda que ya casi estaba arreglada. Él era abogado y se llamaba don Vicente Pérez a secas, hijo de un tejedor de Zamora. Su patrimonio era su título de abogado y su riqueza su gran talento y sus virtudes.

Nieves era un prodigio de belleza. De fisonomía noble, bondadosa e inteligente y todo un conjunto de primores que le daban un aire de grandeza que muy bien podía lucir en su frente aquella corona que don Carlos acababa de otorgar a su padre, y que ya había lucido en el festejo.

Así como la fealdad del licenciado Pérez no había sido impedimento para que Nieves no lo quisiera, tampoco el título de su padre y de ella misma habían sido obstáculo para que lo siguiera queriendo igual que antes; sin embargo, una enfermedad grave, contraída en el ejercicio de la caridad, le provocó la muerte, dejando al licenciado Pérez en la desolación más profunda.

Esta aparente desgracia le condujo de la mano al convento del Carmen, de Valladolid, a tomar el hábito de la orden, que había merecido después de un largo y perfecto noviciado. Estaba a punto de profesar, y para ello procuraba fray Vicente prepararse lo mejor posible a fuerza de oración y penitencia. Con permiso del maestro de novicios noche a noche entre diez y once hacía una larga y sentida oración en la tribuna del antecoro en presencia del Santísimo, después que los demás novicios y padres se habían recluido en sus celdas a tomar el merecido descanso.

Una noche, víspera de la gran fiesta de la Virgen del Carmen, después de los solemnes maitines, fray Vicente se había ido a la tribuna como era de costumbre a hacer su hora santa para prepararse a la profesión que iba a tener lugar al día siguiente por la tarde antes de la procesión del Corpus. El templo estaba cerrado ya, y estaba oscuro. De vez en cuando se veía por las vitrinas de colores un relámpago intenso, iluminando el sagrado recinto, y se escuchaba el sonido del aguacero torrencial que caía.

Estaba el buen novicio arrobado en sus meditaciones, cuando oyó cerca de sí un ruido apagado. Una lucha interna se despertó en su mente; quería voltear para ver lo que podía ser aquello en horas en que nadie más andaba por ahí y quería no hacer caso y continuar su oración, a pesar de sentir muy cerca de sí el calor de una persona que se ha aproximado bastante.

Un escalofrío intenso comenzó a sacudir sus nervios, como si estuviese en contacto con algo sobrenatural; mas su fuerza de espíritu triunfó de aquella que él calificó de alucinación y continuó hasta la madrugada su oración.

La confusa luz matinal comenzó a entrar y se escucharon enseguida las campanas por la fiesta del Carmen. Al llegar el día, el templo abrió sus puertas y los devotos y hermanos del Carmen comenzaron a llegar, fray Vicente se entregó contento y feliz a desempeñar sus ocupaciones de aquel día, mientras llegaba el momento tan ardientemente deseado de consagrarse por completo al Señor.

Eran las tres de la tarde. Las campanas de la iglesia llamaban a la solemne profesión religiosa que acostumbraba hacerse cada año en día como aquel antes del alba; los fieles llenaban el recinto sagrado, todos los cirios ardían y entre frescas y fragantes rosas llegó el momento solemne. Los religiosos vestidos de café y blanco salieron de dos en dos de la sacristía, colocándose a uno y otro lado del altar. Luego el obispo se sentó en el sitial de grana que se le había preparado a esperar al novicio que iba a depositar en sus manos los votos religiosos de pobreza, castidad y obediencia para siempre.

Enseguida, el prior del convento llevando de la mano al novicio, le presentó al obispo, quien le hizo una larga exhortación que conmovió hasta las lágrimas a todos los circunstantes, pronunciando después fray Vicente sus solemnes votos. Se escuchó el órgano anunciando aquella profesión religiosa.

Terminó la fiesta del Carmen y el silencio envolvió las cercanías del templo, la comunidad se recogió en sus celdas y solo el nuevo religioso, conmovido por los sucesos de aquel día, para él de emociones profundas en que dio el último adiós al mundo, se encaminó como de costumbre a la tribuna del templo, a dar a Dios gracias en la soledad y el silencio por los beneficios recibidos.

Estaba fray Vicente en lo más hondo de su oración, cuando, como en la noche anterior, volvió a sentir que alguien venía en puntillas y se acercaba a él, sin embargo, esta noche para mayor precaución y por consejo del maestro de novicios, había cerrado por dentro la puerta que comunicaba el antecoro con el balcón. Esto sí que le causó un pavor profundo y tuvo que concentrar todas las fuerzas de su espíritu para mantener la serenidad y la calma. Volvió el rostro y vio cerca de sí a pesar de las tinieblas que envolvían el templo en un manto de luto, una figura blanca de mujer vaporosa envuelta en un ropaje largo y flotante que sin aguardar preguntas le dijo en voz suave:

—Si consagras en sufragio mío el primer oficio de difuntos que reces después de tu profesión religiosa, volaré en seguida al cielo, libre para siempre de las purificadoras llamas del Purgatorio.

—Nieves —contestó fray Vicente—, todos mis actos buenos, desde que entré en religión los hice en sufragio de tu alma e inmediatamente invitaré a la comunidad a que me ayude a rezar este oficio de difuntos.

Algo como una ráfaga de viento sopló sobre el fraile, desapareciendo la visión impalpable y vaporosa del espíritu de Nieves. Enseguida y lleno de terror fue de celda en celda despertando a los frailes que sin demora, sabido el caso, se reunieron en el coro para recitar el oficio de difuntos que libertaría a aquella dichosa alma.

Al día siguiente corrió de boca en boca este suceso que asombró a los habitantes de Valladolid que conocieron más de cerca al señor don Juan José de Arriaga conde de Casas Blancas y a su hija María de las Nieves, que había muerto muy joven.

La virgen de la Natividad
(Guerrero)

La ciudad de Tixtla, al llegar los españoles, fue dividida en siete barrios, y los religiosos agustinos con el fin de cristianizar, pusieron nombres religiosos a estos barrios. Surgieron entonces el barrio de San Lucas, Santiago, el Calvario, San Agustín, San Isidro, la Santa Cruz y el de la Natividad. Estratégicamente llevaron a cada barrio una imagen de bulto, y no quedándoles otra a los habitantes les construyeron sus templos a cada uno.

El barrio de la Natividad, que está al sur de la ciudad, junto al río de Jaltipán, estaba integrado por nativos de Xaltepetla, Cuamanco y Texticatzin. Como todos los indígenas de la colonia, estos también tenían que pagar tributos al gobierno de la Nueva España además de ser esclavos de los comendadores y de los españoles en general.

En 1531 designaron al primer comendador de Tixtla llamado Martín Dircio. Hombre perverso, déspota y cruel que además era sanguinario con los indígenas.

Desde su llegada actuó con dureza, despertando el terror y el odio.

Los nativos del barrio de la Natividad sintieron tan fuertes los latigazos que no obstante el enorme cariño por su tierra, sus mayores y por la virgencita que les acababan de entregar, blanca, pequeñita, de expresión dulce y de sonrisa afable, en secreto se pusieron de acuerdo para huir de Tixtla, pues ya no soportaban la tiranía y la esclavitud impuesta por el comendador.

Un día, al anochecer salieron con sus escasas pertenencias, llevándose a la virgen. Caminaron hacia el sur, por las montañas que forman la Sierra Madre dispuestos a luchar contra las inclemencias de la naturaleza que eran pocas, comparadas con el fuego despiadado de los españoles que los asesinaba.

Después de caminar mucho tiempo, se instalaron en un paraje de la sierra, lleno de árboles y agua dulce suficiente para subsistir, y le llamaron Tixtlancingo como recuerdo a la tierra que los vio nacer. Allí levantaron sus casas y un pequeño templo a la virgen de la Natividad a quien consideraban su protectora y libertadora.

La virgen era querida por todo el pueblo además por las rancherías y aldeas que se encontraban a su alrededor, a tal grado que año con año le hacían fiestas solemnes.

Con la humedad del ambiente y el calor sofocante, la imagen se deterioró al grado de que tuvieron que consultar al párroco del puerto de Acapulco, quien les aconsejó la llevaran a restaurar a la ciudad de Puebla de los Ángeles.

Como en esa época (principios del siglo XVIII) no había medios de transporte como en la actualidad, por lo consiguiente nombradas las comisiones de Tixtlancingo, partieron las comisiones con la virgen llevándola en hombros.

El único camino de herradura conocido antiguamente, era el que pasaba por Tixtla, por lo que llegaron a la ciudad de Puebla sin ninguna dificultad.

En Puebla les restauraron a la virgencita dejándola como nueva. A su regreso creyeron prudente evitar la entrada al poblado de Tixtla, pues creían que los tixtlecos recordarían el inocente rapto de la Natividad llevada por sus bisabuelos sin el consentimiento del pueblo.

El grupo de peregrinos pasaba a la orilla de la ciudad, agotados por el viaje y el clima, se recostaron un poco para descansar debajo de la sombra de los milenarios ahuehuetes que se encontraban fuera de Tixtla.

Los caminantes tenían que llegar a su destino; así que se tomaron su refrigerio, se refrescaron con el agua dulce que brotaba de un manantial y se prepararon para seguir con su camino antes de que llegara la noche.

Al iniciar la marcha, los cuatro hombres comisionados para cargar a la virgen no pudieron moverla, por más que se esforzaron. Estaba muy pesada. Pidieron ayuda y otros hombres se acercaron, y nada, nunca pudieron alzarla.

Perplejos ante semejante fenómeno gritaban: ¡es un milagro!, ¡es un aviso!

Algunos estaban convencidos de que la virgen se quería quedar ahí; ante tantas y tantas interrogantes, unos, se dirigieron al centro de Tixtla para comunicárselo al señor cura y a las autoridades civiles.

La noticia corría de boca en boca y para constatar lo ocurrido se dirigieron inmediatamente al lugar donde había quedado la virgen y el resto de los peregrinos. Concluyeron que la Natividad sintiéndose en su tierra, pedía la construcción de su templo ahí, en el sitio donde estaba.

Los tixtlecos construyeron una modesta ermita donde fue colocada. Todos consideraron el hecho como un milagro, como un deseo ferviente de la madre de Dios para bendecir desde su morada a sus hijos.

Con el paso del tiempo le han edificado un hermoso santuario digno de una virgen milagrosa que protege y ayuda a sus hijos.

Melesio Barbarita
(Guerrero)

Melesio era un hombre que estaba un poco mal de sus facultades mentales, además era tartamudo y por esa razón nunca pudo decir sus apellidos correctos, tenía mucha dificultad para hilar sus pensamientos, se nombraba a sí mismo como Barbita, a lo mejor por el recuerdo de su madre o de alguna hermana.

Por eso en el pueblo lo conocían como Melesio Barbarita. Era del pueblo de San Miguel. Llegó a Tixtla por casualidad; llevaba una vida errante, lo que más le gustaba era ver pasar a la gente.

Era delgado, de estatura regular con una mirada perdida, era solo dueño de su cuerpo maltratado y lastimado; a causa de una fractura en su niñez arrastraba su pierna izquierda al caminar. Viajaba con un bastón que lo sostenía para no caer y un machete que le servía como defensa en contra de los perros callejeros que le ladraban al pasar.

Siempre se le veía vestido con pantalón y camisa, huaraches de cuero, un sombrero de palma y un morral al hombro.

Los primeros días de su llegada dormía en los corredores del mercado. Como era inofensivo nadie se dio cuenta de su estancia hasta que un día, uno de los comerciantes al salir de su tienda tropezó con Melesio que dormía tranquilamente.

De inmediato avisó a sus compañeros, y acordaron entre todos llevarlo al hospital de San Lucas que servía de refugio a gente sin hogar. El barrio lo aceptó como era costumbre, pero con la condición de que se portara bien con los vecinos.

Así que normalmente, al amanecer, Melesio caminaba por las calles de la ciudad pidiendo limosna; a pesar de su estado era una persona tranquila y en sus ratos de mayor lucidez platicaba con las familias que lo ayudaban y recibía alimentos, ropa o dinero.

A pesar de su limitación mental, tuvo la buena idea de comprar un lote de 25 gallinas ponedoras y con el dinero que juntaba, en poco tiempo tuvo huevo fresco para alimentarse y hasta para venderlo.

Por las noches se acostaba con ellas, adentro en su cuarto, las cuidaba y acariciaba aunque en el hospital tenía un gran patio.

Los chicos del barrio se burlaban constantemente de él por la atención que le tenía a sus gallinas y por su aspecto sucio y desaliñado, se aprovechaban de su impotencia; esos gritos terminaban por colmarle la paciencia, y arrastrando su pierna los seguía con el machete en la mano asustándolos hasta que se alejaban por completo.

Su aspecto sucio y descuidado conmovía a los vecinos, quienes lo conducían fuera de la ciudad, y lo metían a los arroyos de agua fresca y cristalina, lo bañaban con una escobetilla, le cortaban el pelo y las uñas y por último le ponían ropa limpia. Él, como un pequeño indefenso, se mostraba agradecido por el enorme servicio que le proporcionaban, demostrándolo con un movimiento ligero de cabeza.

En el hospital de San Lucas, espantaban espíritus o almas de ultratumba; por las noches se escuchaban ruidos, gritos, se veían aparecidos de gente enterrada en ese lugar. Melesio era víctima y cada noche lo ponían en acción. Les gritaba que se fueran al infierno y que lo dejaran dormir.

Diariamente peleaba con ellos, algunos creían que eran fantasías de un mundo diferente al normal, otros que él creaba a esos fantasmas y con su vocabulario dificultoso y corriente los mandaba al infierno. El caso es que por las mañanas se quejaba con los vecinos de su gran problema, contándoles que él los veía y pidiéndoles que vieran como lo habían dejado, mostrando efectivamente que tenía muchos rasguños en todo su cuerpo.

Pantaleón, un vecino del lugar, muy bromista y dicharachero lo escuchaba y le decía que lo que pasaba era que el mundo se acabaría y que él se iba a morir. Al escuchar estas palabras, Melesio se le aventaba con su machete en la mano. Pantaleón por su parte se divertía haciendo enojar al pobre hombre que no podía correr.

Las bromas cada vez se hacían más pesadas hasta que Melesio no aguantó más y cansado decidió vengarse; vigiló la casa de Pantaleón y cuando estuvo sola le prendió fuego al techo, que era de palma.

Empezó a gritar: ¡fuego!, ¡fuego! y a tantos gritos los vecinos acudieron a sofocar el incendio.

El suceso causó estragos en Melesio, ya que el hecho de no tener a quién platicarle lo que le pasaba por las noches, lo fue deprimiendo, al grado que se encerró en su cuarto y en medio de la soledad trató de quitarse la vida con su machete, antes de que el mundo se acabara, como le aseguraba Pantaleón. Al escuchar los quejidos, los vecinos acudieron y vieron que el hombre estaba en el suelo con una gran herida en el estómago.

La gente lo ayudó, el doctor lo curó y pronto regresó a su vida, pero por seguridad las autoridades del pueblo le recogieron el machete. Los vecinos se preguntaban qué iba a hacer ahora Melesio sin su machete, así que un vecino le elaboró uno de madera.

Las Agapitas
(Aguascalientes)

En el siglo XVII había en la Villa de la Asunción de Aguascalientes, varios mesones a donde llegaban los forasteros. Estos tenían apropiadas caballerizas para hacer descansar las mulas, a las que también se atendía dándoles de comer y beber.

El mesón de "Las Agapitas", ubicado en la calle del Reloj, actualmente calle Juárez, era atendido por dos señoras, madre e hija y haciendo otras labores los tres hijos de doña Agapita: José, Antonio y Salvador. El trabajo era duro y lo que se ganaba poco, pero lo suficiente para ir sobreviviendo. El mesón de "Las Agapitas" tenía fama de que era muy limpio y que la dueña se esmeraba para servir una buena comida a precios módicos. Pero a pesar de que nunca faltaban los huéspedes, la señora se las veía negras para vivir con cierto decoro. En una ocasión llegó al mesón un hombre como de setenta años: alto, muy moreno, pelo chino, cano, nariz chata y pómulos pronunciados, quien pidió una habitación para él y un lugar para su burro.

Doña Agapita lo vio con cierto temor, era difícil que un hombre de color anduviera por esa región, pero como insistió lo aceptó. Pidió a su hijo José llevara al burro al corral y ella le señaló su cuarto. Por su vestimenta parecía un trabajador del campo; llevaba varias bolsas de mecate, rollos de papeles y una talega de cuero con una correa que le cruzaba el pecho.

Hablaba poco, solo lo necesario. Pasaron varios días y aquel hombre permanecía en el mesón, salía de su cuarto para lo más indispensable; tomar sus alimentos y ver a su burro; lo acariciaba, le daba agua, de comer y regresaba a su cuarto.

Así pasaron los meses, el Silencioso, como le llamaron, era el mejor huésped, no reclamaba nada y semanalmente pagaba con monedas de oro, lo que le daba gran alegría a Doña Agapita, y a la vez temor de pensar de dónde sacaba tanto dinero aquel negro del que no sabía ni de dónde venía, ni a dónde iba.

Un día, el Silencioso no bajó a desayunar, lo que preocupó a la dueña del mesón y le encargó a José su hijo que fuera a ver qué pasaba con el negro, que siempre era puntual a la hora de sus alimentos. José lo fue a buscar a su cuarto, encontrándolo gravemente enfermo. El pobre no levantaba ni la cabeza y se quejaba de un fuerte dolor en el estómago que le cortaba hasta la respiración.

El muchacho se preocupó, avisó a su madre, la que le aplicó toda clase de remedios caseros, pero el negro cada día empeoraba, a grado tal que José, al verlo tan delicado, se convirtió en su enfermero. Después de una noche en la que el negro casi se moría, habiendo perdido el conocimiento, tuvo un rato de lucidez y le dijo a José que le iba relatar su historia, haciéndolo depositario tanto de su secreto como de sus bienes materiales. Le dijo que desde muy joven sirvió a una familia de españoles que vivían en Zacatecas.

El señor se había hecho muy rico gracias a las minas de esa ciudad, amasando una gran fortuna. La ilusión de aquel hombre era regresar a su país y vivir en España disfrutando del dinero que había logrado hacer en la Nueva España, para lo que había trabajado mucho desde pequeño. Pero no fue así, repentinamente falleció su esposa, quedándole solo un hijo, que había mandado a estudiar a España, y que era su única familia. Después de la muerte de su señora, su patrón perdió la voluntad y no quiso trabajar más y un día le dijo que después de su hijo él era su pariente más cercano, en el que depositaba toda su confianza y le propuso dejar Zacatecas y venirse a esta villa, en donde guardaría su dinero.

Se regresó a su país, pero como no podía llevarse consigo todo el dinero, iba por algunos parientes lejanos, para que entre todos pudieran llevarse a España el capital que había logrado hacer en México. Su patrón y él hicieron un escondite con sus propias manos por el Cerro de los Gallos, en donde escondieron el oro y la plata. Fue un trabajo de mucho tiempo, que realizaban en la noche para que nadie se diera cuenta de lo que hacían.

Una vez que lo terminaron y que lo hizo el depositario del tesoro, se despidieron con lágrimas en los ojos y después de darse un abrazo de amigos, se quedó esperando su regreso. El negro casi desfallecido le dijo a José que aunque habían pasado muchísimos años, día a día esperaba el regreso del señor González.

Que había vivido como ermitaño, muy cerca de aquel lugar vigilando como un verdadero centinela, pero su amo no había regresado. Le dijo al muchacho que de la fortuna del señor González solo había tomado lo indispensable para sobrevivir, como le había prometido a su patrón, y así pasó quién sabe cuánto tiempo. Pero al sentirse gravemente enfermo, pensó que lo mejor sería irse a vivir a Aguascalientes, y así llegó al mesón de "Las Agapitas" en donde fue recibido con afecto por los dueños de ese lugar. Le dijo el hombre a José que ahora, que él había sido tan generoso y bueno, que lo había cuidado con esmero, sabiendo que era un hombre de honor, le pasaba el encargo que le había hecho su patrón de cuidar su fortuna. Sabía que aquel caballero regresaría por ella.

Le pedía le dijera al señor González que hasta el último minuto de su vida le había sido fiel y que solo la muerte había hecho romper su promesa. El hombre lo hizo jurar que cumpliría al pie de la letra su encargo, así que como él lo había hecho, tomara solo las monedas necesarias para vivir, sin extraer más de lo indispensable.

El negro le entregó un plano al hijo mayor de doña Agapita, igual al que se había llevado su amo, para que conociera el lugar y desde lejos, lo vigilara. Le regaló su burro y sus pocas pertenencias y ese día antes de la medianoche, murió el fiel mozo del señor González, custodio de su tesoro.

Se le hizo un decoroso entierro a aquel hombre, que había dejado muchas monedas de oro en su talega, y por varios días se habló de su paso por el mesón de "Las Agapitas". José estaba inquieto, a nadie habló del secreto del Silencioso.

Por la noche se pasaba estudiando el plano que le dejó el negro y recordaba palabra por palabra de lo que le había dicho, pero no se atrevía a ir a investigar en dónde estaba escondido aquel dinero. Un día dijo a su madre que iba a San Juan de los Lagos a pagar una manda, tomó el burro que le dio el negro así como el mapa y se fue.

Tenía que llegar a la falda del Cerro de los Gallos, dar vuelta al poniente hasta desembocar al río de San Pedro, subir por allí al Cerro, al llegar casi a la cumbre había una meseta, en donde encontraría un pino, a los 20 metros.

Tenía que encontrarse con una maleza y después una hilera de nopales, al terminarla, existía una gran tapa que tenía un tornillo de fierro, el que había que destornillar para quitarla. Debía bajar por ahí a un pequeño túnel, luego encontrar una puerta y al abrirla, bajar una escalera, en donde al final se encontraban dos cuartos de un metro y medio cada uno, cerrados con puertas de fierro. Tenía la llave pegada, era una de bronce y otra de fierro; en la pieza que abría la llave de bronce había monedas de oro, y en la de fierro de plata. Asimismo, se guardaban barras de estos dos metales, las que llegaban hasta el techo.

Al ver aquello, José se quiso volver loco. Nunca pensó que fuera cierto lo que dijo el negro. Volteaba para todos lados y le faltaban manos para coger aquellas piezas que brillaban como soles. Se llevó todas las monedas de oro que cupieron en su talega y cargó al burro con barras de plata y oro. Paso a paso, pandeándose tanto él como su burro, llegaron al mesón. Él no dijo el secreto, solo que se había encontrado un entierro que los sacaría de pobres.

El mesón de "Las Agapitas" se transformó; era casi un hotel de lujo, y tanto doña Agapita como su hija, se dedicaron a la vida social, teniendo servidumbre que se encargaba de las labores del mesón. Fue un cambio total en la vida de esa familia, que aunque pobres habían vivido muy felices. Pero un día que José se encontraba con muchas copas de licor, eufórico y trastornado por el alcohol, les platicó a sus hermanos, Antonio y Salvador, el gran secreto del negro, del que había sido depositario y que con sus propios ojos había constatado, gracias al cual vivían como príncipes.

A los hermanos se les despertó la ambición, y al verlo borracho le sacaron toda la verdad, le robaron el plano, tomaron unas mulas y se dirigieron para el Cerro de los Gallos. Pasaron los días y los jóvenes no regresaban, se preocupó su madre y le preguntó a José si no sabía algo de ellos; el joven recordó como en un sueño lo que había sucedido hacía algunos días, fue a buscar el plano y al no encontrarlo, platicó a su madre el secreto del Silencioso, que les había contado a sus hermanos. Salió desesperado a buscarlos y solo encontró a las mulas, que regresaban al mesón, pero sin los hermanos.

Jamás se volvió a saber de ellos. José quiso localizar el escondite, pero nunca dio con él, perdió sus facultades mentales, habiendo muerto años después convertido en un verdadero ente. La tragedia de "Las Agapitas" se divulgó por toda la villa, a dos de sus hijos se los tragó la tierra, nunca se supo en qué forma habían muerto, solo que desaparecieron, para siempre. José se volvió loco, aparentemente sin motivo y doña Agapita y su hija, un buen día se fueron a donde nadie las conociera.

Índice

Impreso en los talleres de
Trabajos Manuales Escolares,
Oriente 142 No. 216
Col. Moctezuma 2a. Secc.
Tels. 5 784.18.11 y 5 784.11.44
México, D.F.